农产品市场营销策略研究

苏晓蕾　著

湘潭大学出版社
XIANGTAN UNIVERSITY PRESS

图书在版编目（CIP）数据

农产品市场营销策略研究 / 苏晓蕾著. -- 湘潭 :
湘潭大学出版社, 2024. 6. -- ISBN 978-7-5687-1504-1
Ⅰ. F762
中国国家版本馆 CIP 数据核字第 20243E0G89 号

农产品市场营销策略研究

NONGCHANPIN SHICHANG YINGXIAO CELÜE YANJIU

苏晓蕾 著

责任编辑：丁立松
封面设计：张丽莉
出版发行：湘潭大学出版社
社　　址：湖南省湘潭大学工程训练大楼
电　　话：0731-58298960 0731-58298966（传真）
邮　　编：411105
网　　址：http://press.xtu.edu.cn/
印　　刷：长沙市鑫宇印务有限公司
经　　销：湖南省新华书店
开　　本：787 mm×1092 mm 1/16
印　　张：8.5
字　　数：156 千字
版　　次：2024 年 6 月第 1 版
印　　次：2024 年 6 月第 1 次印刷
书　　号：ISBN 978-7-5687-1504-1
定　　价：56.00 元

前 言

我国农产品市场发展迅速，类别繁多，包括粮油市场、蔬菜市场、水产品市场、肉食禽蛋市场、干鲜果品市场等。自进入新世纪，市场硬件设施明显改善，商品档次日益提高，市场运行质量日趋看好。与此同时，随着国内农产品市场的开放，农产品竞争日趋加剧，已经从单一的产品竞争演变为全方位的、多层次的综合性竞争。随着改革开放的深入进行和新农村建设的推进，农产品的经营销售活动也成为“三农”问题中的重点。学习市场，走向市场，在市场中发展壮大是每个农业企业和经营者必定要走的道路。

本书是关于农产品市场营销策略研究方面的著作，本书从市场营销的角度出发，结合农产品市场的特征，对农产品市场营销的环境和目标定位进行了分析，然后对农产品市场营销策略的制定、营销组合的策略、农产品品牌营销策略进行了介绍，重点对现代农产品专业市场营销进行实践分析，讲解了常见农产品的经营之道，最后本书对农产品营销策略的创新动向进行了探讨，本书富有时代性和实用性，可为农业经济发展，农产品营销等相关研究方向的人员提供参考。

当前，我国正处于改造传统农业、发展现代农业的关键时期，大量先进农业科学技术、高效率设施装备、现代化经营管理理念被逐步引入到农业生产的各个领域，所以对高素质职业化农民的需求越来越迫切。希望这本书能对新型职业农民培训起到促进、推动作用。本书写作过程中参考了大量的专业资料和同行专家的研究成果，在此对他们的研究成果和辛勤工作表示衷心的感谢！由于著者水平有限，不足之处在所难免，恳请同行专家和读者批评指正。

目 录

第一章 农产品市场营销的理论分析

第一节　农产品市场营销的相关概念

一、认知农产品市场

（一）农产品概念及其分类

1. 农产品的概念

世界贸易组织（WTO）将农产品定义为:“包括活动物与动物制品、植物产品、油脂及分解产品、食品饮料。”这个概念的定义比较宽泛。

农产品是指来源于农业的初级产品，包括植物、动物及微生物产品，是人们生存的必需品。所谓“初级农产品”是指种植业、畜牧业、渔业产品，不包括经过加工的同类产品，主要包括谷物、油脂、农业原料、畜禽及其产品、林产品、渔产品、海产品、蔬菜、瓜果和花卉等。

也有学者提出大农产品概念，即各农业生产部门生产的所有动植物产品，包括烟叶、毛茶、食用菌、瓜果、蔬菜、花卉、苗木、药材、粮油作物、牲畜、禽、兽、昆虫、爬虫、两栖动物类、水产品、林业产品和其他动植物等。

2. 农产品的分类

（1）一般分类。

①联合国粮农组织将农产品分为广义农产品和狭义农产品两类。其中：广义农产品包括农作物粮食和一部分经济作物、水产品、畜产品、林产品；狭义农产

品主要包括粮食、水产品、畜产品，以及经济作物中的油料作物、饮料作物和糖类作物，而不包括林产品和经济作物中的橡胶和纤维。

②流通组织将农产品划分为三类，即粮食油料类、轻工原料类和生鲜食品类。其中：粮食油料类主要包括口粮、饲料粮、其他工业用粮和各类食用植物油；轻工原料类主要包括棉、麻、丝、绒毛、皮张、糖料、烟、茶，以及加工的猪、牛、羊、禽、蛋、果蔬和水产品；生鲜食品类主要包括可以直接上市的鲜肉、禽蛋、蔬菜、水果和水产品等生鲜食品。

③按照我国的传统习惯将农产品分为粮油、果蔬及花卉、林产品、畜禽产品、水产品和其他农副产品六大类。

（2）按农产品品质及控制要求分类。

按照农产品品质及对生产过程控制要求的不同，农产品通常分为普通农产品、认证农产品和标识管理农产品。

普通农产品是指为了符合市场准入制，满足百姓消费安全卫生需要，必须符合最基本的质量要求的农产品。①食用品质包括它的新鲜度、成熟度、色泽、芳香、风味、质地以及营养成分等指标；②商品品质包括它的商品化处理水平，在储藏、运输、销售过程中的抗逆性和耐储性，商品的货架寿命等指标；③作为原料的农产品，其质量要求除了上述指标外，还包括含水量、含杂量、加工适应性、有效成分含量等指标。

我国认证农产品主要包括无公害农产品、有机农产品和绿色农产品。

①无公害农产品是产地环境、生产过程和产品质量均符合国家有关标准和规范要求，经认证合格获得认证证书并允许使用无公害农产品标志的未经加工或者初加工的农产品。无公害农产品执行的是国家市场监督管理总局发布的强制性标准及农业农村部发布的行业标准。

②有机农产品是根据有机农业原则和有机农产品生产方式及标准生产、加工出来的，并经过有机食品认证机构认证的农产品。目前，有机农产品在我国消费群体较小，产品主要用于出口，因而，有机农业执行的标准主要是出口国要求的标准。有机农产品的标准通常集中在生产加工和储运技术条件方面，无环境和产品质量标准。

③绿色食品是遵循可持续发展原则，按照特定生产方式生产、经专门机构认定、许可使用绿色食品标志的无污染的产品。绿色食品的标准包括食品产地的环境标准、生产技术标准、产品标准、包装标准、储藏运输标准等，对绿色农产品的产前、产中、产后全过程实施质量控制技术，既保证了绿色食品的无污染、营养佳的品质，

又保护了产地环境，以实现绿色农产品的可持续生产。我国的绿色食品分为 A 级和 AA 级两种，其中，A 级绿色食品生产中允许限量使用化学合成生产资料，AA 级绿色食品则较为严格地要求在生产过程中不使用化学合成的肥料、农药、兽药、饲料添加剂和其他有害于环境和健康的物质。按照农业农村部发布的行业标准，AA 级绿色食品等同于有机食品。

标识管理农产品是一种政府强制性行为，对于某些特殊的需要保护的农产品，或有特殊要求的农产品，政府加以强制性标识管理。如转基因农产品，通常指利用基因转移技术，即利用分子生物学的手段将某些生物的基因转移到另一些生物的基因上，进而培育出人们所需要的农产品。目前，人们对转基因农产品的安全性争议较大。许多国家政府加以强制性标识管理，以明示方式告知消费者，使得消费者的知情权得到保护。

3. 按农产品的特色及独特点进行分类

（1）特色农产品。

特色农产品即具有一定地域特色的农业产品。我国地域辽阔，地形地貌迥异，气候条件各异，各个省份均有具有当地特色的农产品。

（2）名优农产品。

名优农产品即由生产者志愿申请，经有关地方部门初审，经权威机构根据相关规定程序，认定生产规模大、经济效益显著、质量好、市场占有率高，已成为当地农村经济主导产业，有品牌、有明确标识的农产品。

（3）名牌农产品。

名牌农产品即经评选认定获得“中国名牌农产品”称号，并获准使用“中国名牌农产品”标志的农产品。

（二）农产品市场概念及其特点

1. 农产品市场的概念

（1）市场的含义。

最初，人们认为市场是商品交换的场所；后来，人们认为市场是商品交换关系的总和。

在现代市场经济条件下，市场是指在一定时间和一定空间范围内商品占有者之间的交换关系及其意志行为。其中：交换关系既包括物物交换，也包括商品的货币交换；意志行为包括商品交换者为建立交换关系而进行的各种活动，也就是商品交换者主观意志的外在表现。

（2）农产品市场的含义。

农产品市场是将农产品作为商品的交换场所，是农产品的买方、卖方和中间商组成的一个有机整体，是农产品流通领域交换关系的总和。不仅包括具体的农产品交换市场，还包括农产品交换中的各种经济关系，如农产品作为商品的交换原则和交换方式，人们在交换中的地位、作用和相互关系，农产品的流通渠道与流通环节，农产品供给与需求的宏观调控等。

2. 农产品市场的特点

受所营销的农产品特性的影响，农产品市场也具有区别于其他市场的特性。

①交易的产品具有生产资料和生活资料的双重性质。一方面，农产品市场上的农副产品可以供给生产单位用作生产资料，如农业生产用的种子、种畜、饲料和工业生产用的各种原材料等；另一方面，农产品又是人们日常生活中的必需品，居民的“米袋子”“菜篮子”都离不开农产品。

②具有供给的季节性和周期性。农业生产具有季节性，农产品市场的货源随着生产季节而变动，但消费者对农产品的需求却是常年性的。同时，农业生产有周期性，其供给在一年中有淡季、旺季，数年之中有丰产、歉产，不同产品在不同地区和不同年份的生产量可能相差很大。因此，农产品市场的供求矛盾比较突出。

③需求弹性较小，市场风险较大。作为基本的生活必需品，农产品需求具有普遍性、必需性、大量性和常年性的特点，但需求弹性却相对较小。农产品是具有生命的产品，受自然灾害、动植物疫情的影响较大，可能会严重减产，或者在运输、存储和销售过程中容易发生腐烂、霉变、干枯等，极易造成损失，经营风险较大。

④现代化市场与传统小型分散市场并存。由于我国城乡经济发展水平不同，市场发育程度也存在差异：经济发达的大中城市，市场体系较健全，市场规模较大；而在经济欠发达地区，市场规模小，“马路市场”还占相当比例。

（三）农产品市场的类型

从不同的层面划分，农产品市场可分为不同的类型。

1. 按农产品种类划分

农产品市场按农产品种类可分为粮油市场、果品市场、蔬菜市场、畜产品市场、水产品市场等。

2. 按地域空间划分

农产品市场按地域空间可分为国内市场和国际市场。其中，国内市场又可分为农村市场和城镇市场。

3. 按交易场所的性质划分

农产品市场按交易场所的性质可分为产地市场、销地市场、集散与中转市场。

（1）产地市场。

产地市场即农民出售其产品的市场，也是农产品集中起运的场所。在各个农产品产地形成或兴建的定期或者不定期的农产品市场，是农民与商人交易的场所。产地市场的规模一般较小，主要功能是为分散的农产品提供集中销售地和市场信息，同时便于农产品的初步整理、分级、加工、包装和储运。

（2）销地市场。

销地市场是设在大、中、小城市和小城镇等消费者集中的地方的农产品市场，还可进一步分为销地批发市场和销地零售市场。前者主要设在大、中城市，购买对象多为农产品零售商，饭店和机关、企事业单位食堂；后者则广泛分布于大、中、小城市和城镇。销地市场的主要职能是把经过集中、粗加工和储运等环节的农产品销售给消费者。

（3）集散与中转市场。

集散与中转市场多设在交通便利的地方，如公路、铁路交会处，但也有自发形成的集散与中转市场设在交通不便的地方。集散与中转市场一般规模较大，建有大型交易场所以及停车场、仓储等配套服务设施。这类市场的主要职能是将来自各产地市场的农产品进一步集中起来，经过再加工、储藏与包装，通过批发商分散销往全国各地批发市场。

4. 按农产品交易的交割方式划分，可分为现货交易市场和期货交易市场

（1）现货交易市场。

现货交易市场是指根据买卖双方经过谈判（讨价还价）达成的口头或书面买卖协议所商定的付款方式和其他条件，在一定时期进行实物商品交付和货款结算的交易形式。现货交易又分为即期交易和远期交易。前者指买卖双方进行的一手交钱、一手交货的交易；后者根据买卖双方事先签订的书面形式的农产品买卖合同所规定的条款，在约定的时期内进行实物商品交付和货款结算的交易形式。

（2）期货交易市场。

期货交易市场是进行期货交易的有组织的市场。期货交易是按照一定的规章制度进行的期货合同的买卖。期货交易运行所涉及的各种机构以及参加者，如期

货交易所、清算所、期货佣金商、场内经纪人、投机者和套期货保值者等，构成了期货市场的各个层次和基本要素。

二、认知农产品市场营销

（一）农产品市场营销概念

农产品市场营销是指农产品从生产者转移到消费者（从田间到餐桌）的过程中所包括的农产品生产、采集、加工、运输、批发、零售和服务等全部营运活动。简单来说，农产品市场营销就是包括农业生产活动在内的一个整体营销过程。农产品市场营销通过各个活动环节不断创造多种产品效用：加工环节为消费者创造了形式效用；运输环节创造了产品的区域效用；储藏环节创造了产品的时间效用；交易过程产品的所有权由卖方转移至买方，从而产生占用效用。

为更好地理解农产品市场营销的概念，可从以下几个方面进行理解：

1. 农产品市场营销的主体是农产品的生产者和经营者

国外农产品市场营销的主体通常是企业，即农产品经营企业；而国内农产品市场营销的主体不仅包括农业经营企业，还包括更多的农产品创造和交易活动的行为主体，如农产品生产者（农户、农场）、农产品收购企业、农产品批发和零售商、中介商、农产品加工企业、运输公司、仓储企业、餐饮店以及农产品专卖店等。

2. 农产品市场营销的目的是盈利

作为农产品营销微观主体，无论其阶段性目的如何确定，其最终目标肯定是为了盈利。只有盈利，投资者才能获得合理的收益；只有盈利，经营者才能获得持续经营所需的费用。当然，利润指标还是衡量营销成败与否的关键标准。

3. 农产品市场营销的前提是农产品及其相关服务能满足消费者某方面的需要

只有满足消费者需要的农产品才能顺利实现让渡，这是实现农产品市场营销的必要条件。要满足消费者对农产品的需要，就要真正了解消费者的需要，做好市场调研工作。同类农产品都能满足消费者某方面的基本需要，因而，还必须在其他方面拥有比竞争对手更强的能力，以便满足消费者多元化、个性化的需要。

4. 农产品市场营销的过程是整体性经营销售活动

不能像过去那样把农产品生产归为农业，把农产品流通归入商业活动，人为地将两者分离开来，而是应该将农业生产视为农产品市场营销活动的一个重要环节。同时，所有能创造或增加农产品效用的过程都是生产，要把农产品市场营销的各个环节都当作是农业生产的延续，有所区别的是，农业生产是初始生产，而市场营销活动中的增值是次级生产。

（二）农产品市场营销的特点

农产品与工业品在自然属性以及市场表现等方面都不一样，这就决定了农产品市场营销活动与工业品市场营销活动的差异性。

1. 营销产品具有鲜活性、易腐性

绝大多数农产品属于生物性自然产品，如果蔬、蛋奶等，具有不易储存的特性,并很容易失去其鲜活性。而农产品一旦腐烂变质,其价值就会大打折扣。因而，如何保鲜保质，是农产品市场营销必须考虑的难点问题。

2. 农产品供给具有季节性和周期性，短期总供给缺乏弹性

农产品生产周期长且在供给时间上具有周期性。如在我国，水稻一年一般收获 1 ~ 2 次，在南方日照时间长的地区最多也只能收获 3 次，棉花采摘时间集中在 9 月份，西瓜、葡萄等水果一般集中在 7 ~ 9 月上市。虽然现代科技缩短了农产品的生长周期，改变了农产品的上市时间，出现了一些反季节的蔬菜、水果，但总的来说农产品供给的季节性是其主要特点。

3. 农产品需求的普遍性和大量性、连续性、多样性以及弹性较小

①对农产品的需求是人类吃、穿等基本的生活需求，具有普遍性和大量性，而且人们每天都必须消费以农产品为原料的食品、服装用品，所以对农产品的需求是连续的。

②由于人们的偏好不同，因而对农产品的需求是多样性的，同时，许多农产品的效用彼此又是可以替代的。例如，牛肉和羊肉都可以满足人们对于动物性蛋白质的需求，用棉花、羊毛织成的布料都可以制成衣服供人御寒，等等。

③由于人们每日需要的蛋白质和热量是基本不变的，因而农产品尤其是食品的需求弹性较小。人们不会因为农产品价格的变化，而在某一期间对农产品的基本需求量发生大的改变。

4. 大宗主要农产品品种营销的相对稳定性

农产品生产多是有生命的动物和植物的生产，其品种的改变和更新需要漫长的时间，因而农产品经营在品种上具有相对的稳定性。当然，不排除在现代技术进步条件下某些新产品的迅速产生，但在一定时间里，人们消费的农产品品种是相对稳定的。

5. 政府宏观政策调控的特殊性

农业是国民经济的基础，农产品是有关国计民生的重要产品，更因为农业生

产的分散性和农户抵御市场风险能力的有限性，所以，政府会采取特殊政策来扶持或调节农业生产经营活动。

（三）农产品市场营销的功能

根据市场营销功能主义学派的观点，农产品市场营销是一个彼此相关、互为条件的结构性动态关系构成的系统。换言之，农产品市场营销的功能是指系统某要素或营销活动在农产品市场营销中发挥的作用，农产品市场营销功能之间是相互依存的。

1. 交易功能

交易功能是指农产品市场营销过程中农产品交易双方产品所有权和使用权的转换。通过买卖双方的交易活动，农产品价值得以实现，农产品需求者对产品的效用得以满足。农产品一般要经过多次交换易手，发生多次买卖行为，才能最终让渡给消费者。交易功能是农产品营销活动的核心，包括购买功能和售卖功能。

2. 形态改变功能

形态改变功能是指通过一定的方式和手段，使农产品的物理形态发生改变，包括农产品的外观形状、体积、颜色改变等。例如，液态奶经过加工可以变为奶粉、奶酪、奶糖等，小麦经过加工可变为面粉、面包、馒头、烧饼、面条等等。农产品加工、整理、包装等活动是农产品的物理形态改变的基本方式和手段，大多数农产品必须经过加工、整理、包装才能提供给人们消费。同时，农产品加工、整理、包装等活动可以扩大农产品效用和增加农产品的附加值。

3. 空间转移功能

空间转移功能是指农产品地域转移的作用。农产品在从生产领域流向消费领域的过程中要经历异地转移。例如，南方的水稻运往北方，北方的小麦销售到南方；美国加利福尼亚州的柑橘运入中国，中国的纺织纤维品运往美国。运输技术的发展使农产品营销的空间转移功能得以实现。如果没有铁路和航空技术的发明和应用，农产品的跨省、跨州、跨国及全球营销不可能实现。

4. 价值增值功能

价值增值功能是指通过营销提高农产品的附加值。例如，乳品企业从养奶户手中收购鲜牛奶，通过冷处理保证牛奶的新鲜质量，再将牛奶经过加工制成奶粉、奶酪等奶产品，这中间的每一个环节都实现了牛奶的价值增值。

5. 满足消费者需求功能

农产品营销的最终结果是满足消费者需求。无论农产品经营企业营销的最初动机如何，在客观上都将带来消费者需求的最终满足。

6. 组织和风险回避功能

即通过营销活动将农产品经营者（组织和个人）联系起来，实现生产、分配、消费的紧密结合。在我国现阶段，农产品营销的组织功能具有更为实际的意义。我国农产品生产者生产规模小，经营分散，可以说是“世界上最小的农户”，农产品生产、销售等各个环节都需要组织与联合。组织起来的农产品生产者和经营者则在一定程度上减轻或者化解了经营风险，包括自然风险，尤其是市场风险。例如，组织起来包办了农户农产品 90% 销售量并形成全国农产品营销网络的日本“农协”，它们不仅在营销中具有较强的谈判能力，而且还具有其他组织所没有的销售优势（如较强的货源组织能力和网络等）。这些组织是农户联合进入农产品销售市场的组织保证，同时可以通过农产品期货市场及期货交易等营销方式和活动规避市场风险。

（四）农产品市场营销的职能

1. 集货职能

集货职能是指将原料和商品集中的职能。由于农产品广泛分散于远离农产品市场和加工企业的各个生产区域，因此，农产品集中对市场交易和农产品加工十分重要。在一定区域内加工的粮食是从许多分散的地区集中起来的，如一个大中型大米加工企业，其稻谷原料来源可辐射数县、数省，它需要将分散于方圆千里地域的稻谷收集起来，集中运送给中心市场或加工企业。

2. 分级职能

由于农产品市场营销中的标准化广泛推行，农产品在收集过程中一般都要经过分级。农产品分级保证了进入消费者市场的农产品和农产品加工原料的品质、规格的标准化，还减少了农产品加工的难度，提高了农产品的视觉效果。在国际农产品营销中，农产品的分级与标准化条件更为严格。

3. 储藏职能

多数农产品的生产具有季节性，农产品收获后必须安全储藏，在较长时间内保证农产品品质，以满足人们长期的消费需求。例如，果汁加工企业对鲜果原料持续性的需求，因农产品收获的季节性导致原料不能满足持续性使用，所以建立仓库及其他储藏设施则显得尤为必要。

4. 加工职能

市场营销的加工职能赋予农产品以更加吸引消费者的表现形式。例如：肉用动物经过屠宰变成鲜肉，鲜肉经过加工变成零售商店里各种各样的火腿肠、肉罐头等加工品；谷物则经过碾磨并加入其他配料制成各种糕点等。对于纤维产品来说，多级加工变得越来越普遍，棉花纤维加工成纱，纱再纺成布料，经过染色最后加工成美观的服饰。

5. 包装职能

包装能保护产品并使其大小适宜、方便使用，同时，也能美化产品，促进销售。例如，为了减少果品暴露于阳光和在搬运过程中受损，瓦楞纸箱包装的采用十分普遍。尤其是需要经历更远的路程和更长的时间时，包装的作用更为重要。

6. 运输职能

从农产品的集中到最终农产品的消费，农产品运输几乎连接了农产品营销系统的所有环节。一般来说，农产品往往集中在一定的产区。如北方人要消费南方产区的水稻，南方人要消费北方产区的小麦，运输是必不可少的实现手段。只是，不同的农产品对运输方式的选择是不同的。如谷物、棉花、干果可采用火车和舟船运输；而牛奶、冷饮食品等则只能通过所谓的“冷链”冷藏运输线，运送到不同区域的市场和消费者手中。

7. 分销职能

分销是通过不同销售渠道和方式将农产品分配到零售商和消费者手中的职能。农产品分销渠道包括经销商、代理商、批发市场、城市销地市场、直接采购于产地的超级市场等，它们构成一个完整的农产品营销网络。分销能够减少公司和企业的存货成本，从而提高农产品的流通效率。例如，有“中国乳业第一品牌”之称的伊利牛奶，由企业分销给地区批发商或代理商，然后由这些代理商批发给零售商或直接向消费者销售，减少企业在流通环节的投资，使企业能够集中关注生产。

8. 消费者服务职能

消费者服务是农产品市场营销的新发展，市场营销者不仅将农产品销售给消费者，同时，还必须为消费者提供必要的消费服务。随着买方市场的到来，消费者服务职能日益成为农产品营销的一个重要组成部分，以前的市场营销者的单赢模式将逐步转向市场营销者和消费者的双赢模式，这是现代商品经济发展的必然趋势。

第二节　农产品市场营销环境分析

一、农产品市场营销环境

任何企业的营销活动都是在不断变化的社会经济环境中运行的。通常把作用于企业营销活动一切外部的、不可控的力量和相关因素的集合称为营销环境，它们影响着企业的生存和发展。农产品经营企业的市场营销环境内容既广泛又复杂。不同因素对营销活动各个方面的影响和制约也不尽相同；即使同样的环境因素，对不同的农产品经营企业所产生的影响和形成的制约也是不同的。

（一）市场营销环境

市场营销环境是指影响产品经营企业生产经营活动的各种内外部因素的总和，它包括内部环境和外部环境或宏观环境（间接环境）和微观环境（直接环境）。所谓农产品市场营销环境，就是指影响农产品经营企业生产经营活动及其营销目标实现的各种内外部因素的总和。

农产品经营企业外部环境是外在于农产品经营企业的客观存在，它是不以人们的意志为转移的。对农产品经营企业来说，属于不可控因素，农产品经营企业无力改变。但是，农产品经营企业可以通过对内部因素的优化组合，去适应外部环境的变化，保持农产品经营企业内部因素与外部环境的动态平衡，使企业自身不断充满生机和活力。

（二）农产品宏观市场营销环境

1. 人口环境

人口环境与市场营销的关系是十分密切的，因为人是市场的主体。农产品营销是通过满足消费者需求来实现企业的经营目标，消费者的需求是一切营销活动的基础。在市场营销学中，市场是由那些具有购买愿望并具有购买能力的人构成的。人口的规模是决定需求量的关键因素之一，人口的分布、结构又决定了市场需求的特点和方向。农产品经营企业的人口环境包括人口总量、人口分布、人口结构和人口迁移等因素。

2. 经济环境

影响农产品营销的经济环境因素是多层次的，可以是国际经济大环境，也可以是一国或一个地区的经济环境，它们以不同的方式在不同程度上对农产品营销产生影响。农产品经营企业在进行营销活动前必须全面了解、分析经济环境。构成经济环境的因素主要有以下内容。

（1）全球经济发展速度和水平。

全球经济发展状况决定了世界农产品的需求状况。全球经济发展得好，便为一国或一个地区的农产品经营者提供了较好的经济基础和市场背景。如果全球经济萧条，农产品经营者就面临一个萎缩的农产品市场，这会导致农产品过剩和积压。

（2）国家的经济发展战略。

国家的经济发展战略是对国家在一定时期内经济发展目标、方向、道路在总体上做出的最基本的概括和描述。作为农产品经营企业，一定要经常关心国家经济发展战略，特别是农业方面的方针政策，例如1号文件，了解国家未来若干年的农业经济运行状态，进而为农产品经营企业的发展提供参考依据。

（3）居民人均收入水平。

人均收入反映某一经济社会的平均收入状况，是衡量一个国家经济发展水平的重要指标，也是用来细分农产品市场、了解农产品需求变化趋势的重要工具。近年来，我国居民人均收入增长较快，购买力逐年提高，对农产品质量与安全的要求逐年提高，绿色食品消费市场具有巨大的潜力。

（4）消费者支出模式。

随着消费者收入的变化，消费者支出模式会发生相应变化，继而使一个国家或地区的消费结构也发生变化。西方一些经济学家常用“恩格尔系数”来反映这种变化。恩格尔系数表明，在一定的条件下，当家庭个人收入增加时，收入中用于食物开支部分的增长速度要小于用于教育、医疗、享受等方面的开支增长速度。但是，随着收入水平的提升，消费者将更加关心食品安全和自身健康，农产品中的名、特、珍、稀、优品种以及无污染的绿色食品越来越受到消费者欢迎，安全、卫生、便捷、高效的农产品营销模式也日益受到消费者的青睐。

（5）消费结构、特点和趋势。

每个国家在某一个时期都有自己独有的消费结构和消费特点。消费结构决定了某类商品的销售总量，而消费特点决定了在消费总量下的消费分布，消费趋势则决定未来消费的方向。如果农产品经营企业能够掌握经济发展中的这些消费趋势，并制定出与之相适应的营销方案，就可以促使农产品经营企业运作成功。

3. 自然环境

各种自然环境因素如气候、地形、生物资源、生态系统等，都会对农产品的生产、营销活动产生直接或间接的影响，有时这些影响对农产品的生产经营起着决定性作用。

环境污染一方面限制了某些行业的发展，另一方面也为农产品经营企业提供了三种营销机会：一是为治理污染的技术和设备提供了一个大市场；二是为无公害或绿色农产品的销售提供了巨大空间；三是为不破坏生态环境的新生产技术和包装方法创造了营销机会。因此，农产品生产经营者要了解政府对资源使用的限制、对污染治理的措施和无公害农产品的质量标准，力争做到既能减少资源浪费、减少环境污染，又能生产出无公害的绿色产品，以此来保证农产品经营企业的发展，提高经济效益。

4. 科学技术环境

现代科学技术是社会生产力中最活跃的、并在某种程度上起决定性作用的因素，它作为重要的营销环境因素，不仅直接影响企业内部的生产和经营，还同时与其他环境因素互相依赖、互相作用，给企业营销活动带来无限商机，但同时也带来了挑战。在农产品营销领域，以信息技术为标志的现代科学技术革命对农产品营销活动产生了广泛而深刻的影响。

从农产品开发方面来看，现代生物技术中的细胞工程、遗传育种、基因工程等的开创和发展，不仅促使农产品产量大幅度增加，农产品品质不断提高，而且还开发出自然界过去没有的农业生物新品种，如可以长时间保存的转基因番茄、每个花瓣颜色都不同的玫瑰等新产品已经面市。通过转基因技术可以生产出比原来的番茄品种小许多的樱桃大小的水果番茄（俗称“圣女果”），还可以生产出皮脆如薄冰、口感清爽甘甜的小型西瓜（俗称“美少女西瓜”）。科学技术的日新月异及其在农业中的推广应用，为企业向市场提供安全、优质、多样化的农产品提供了科技支撑和物质保障。

从对农产品营销渠道的影响来看，随着技术的发展，特别是互联网技术的出现和广泛应用，农产品营销渠道模式正在发生深刻的变化。在发达国家，传统营销渠道正在逐渐丧失其主导地位，取而代之的是建立在技术基础上的网络营销。网络营销使农产品营销效率极大提高，节约了交易成本，扩展了营销渠道，方便了消费者。

从对农产品促销的影响来看，由于网络营销是一对一和交互式的双向沟通，顾客能直接参与农产品营销活动，与营销者进行商务洽谈和情感的沟通，有助于加强企业营销人员与顾客的合作，及时把握市场机会等；而传统的利用媒体或其他促销工具的单向式促销行为，不仅促销成本较高，而且促销效率也较低。

（三）农产品市场微观环境分析

农产品市场营销微观环境是指那些与企业有着直接的协作、服务、竞争、监督等关系的各种因素的综合，又称直接环境，包括企业内部环境、供应商、营销中介、顾客、竞争者、社会公众等因素，它们直接制约着企业为目标市场服务的能力，共同构成农产品企业营销微观环境的全部内容。

1. 农产品经营企业

农产品经营企业是指生产农产品的农户、基地或公司等，也包括农业科技园区、产供销一条龙的贸易公司等。

进入 21 世纪后，企业的组织结构越来越向网络化、扁平化方向发展，其根本原因就是企业快速适应市场变化的需要。传统的组织形式难以适应快速变化的市场环境，为了不被淘汰，就必须实行扁平化。扁平化管理使营销指挥进一步向一线前移，快速反馈市场信息，减少管理层，突出职能服务，提高运营效率，细分市场并高效开发市场，加快销售节奏，拓宽终端销售的空间。另外，现代信息技术的发展，特别是计算机管理信息系统的出现，使传统的管理幅度理论已经不能很好地适应现代企业管理的需要，金字塔状的组织形式就被压缩成扁平状的组织形式。针对企业组织扁平化，农产品营销企业只有实施渠道扁平化，在终端与消费者进行直接、互动的沟通，做好售前、售中、售后服务，才能更好地满足消费者的需求。

企业内部的组织结构、管理体制、企业文化等都是农产品营销最直接的影响因素。

2. 农产品供应商

供应商是指那些向企业提供生产产品和服务所需资源的企业或个人。根据这一定义，农产品营销企业的性质不同，供应商及其提供的资源也各不相同。对于农产品生产企业来说，它的供应商就是生产资料的供应者，所提供的资源就是各种农业生产资料，包括饲料、种子、化肥、农药、农机具等；对于农产品加工企业，供应商所提供的原材料就是初级农产品以及各种食品添加剂等；对于农产品销售企业，供应商所提供的是农产品本身。因此，供应商是一个相对的概念，是在产品供应链中，相对于某一个环节的产品的上游原料或产品的供应者。

供应商的工作效率、提供原料的及时性及安全性、所提供原材料的质量等都能对企业的经营活动产生巨大的影响。供应商提供的资源的价格直接影响农产品经营企业的成本，其供货的质量和时间的稳定性直接影响农产品经营企业服务于市场的能力。

现代农产品绿色营销观念认为，农产品营销必须关注“从田间到餐桌”的每一个环节，必须保证每一个环节都是安全、放心、环保的，才能生产出使消费者真正放心、安全、满意的农产品。因此，以农产品生产资料的供应商开始，就对农产品终端营销产生着重大影响。例如，农产品生产资料价格的高低，会直接影响农产品的价格，农药的毒性高低会影响农产品的安全性，不同类型肥料的使用会影响农产品的品质和口感，进而影响农产品的价值等。对于畜牧业而言，饲料的品质和价格也会对畜产品的品质和成本产生影响。

所以，企业应选择那些能保证质量、交货期准确和低价格的供应商，并且避免对某一家供货商过分依赖，不至于会因该供货商突然提价或限制供应而受损。企业与供应商应注意建立长期、稳定的合作伙伴关系和实行供应链分类管理，降低交易成本，从而共生共赢。处理好与供应商关系的重要手段是加强信息沟通。

3. 农产品经营企业营销中介

营销中介组织帮助农产品经营企业或农产品生产专业户对农产品进行促销、销售并分销给最终购买者。它主要包括营销中间商、货物储运公司、营销服务机构和金融机构等。

（1）营销中间商。

营销中间商就是那些协助农产品经营企业进行促销、销售以及配销等经营活动的中介组织，它主要包括购销公司、经纪人、批发商和零售商摊商、连锁店、超市、便利店等。

中间商的主要任务是帮助农产品经营企业或生产专业户寻找顾客，为农产品打开销路，并为顾客创造地点效用、时间效用及持有效用。无论农产品经营企业，还是生产专业户，都需要与中间商打交道，通过中间商把自己的产品推介给消费者。由于中间商一头连接生产者，一头连接最终消费者，所以它的服务质量、销售速度、销售效率直接影响到农产品的销售。

（2）货物储运机构。

货物储运机构是帮助农产品生产者进行产品保管、储存保鲜以及运输的专业农产品经营企业，它包括仓储公司、物流公司等机构。农产品经营企业或生产专业户需要选择储运公司时，主要应考虑储存成本、运输费用、安全性和交货期等因素。

（3）营销服务机构。

营销服务机构包括广告公司、财务公司、营销咨询公司、电子商务网站、市场调研公司等。在营销活动中，农产品经营企业和生产专业户面对众多的服务机构，要从中进行比较，选择最具有创造性、服务质量最好、服务价格最合适、最能适合本农产品经营企业发展的营销服务机构。

（4）金融机构。

金融机构包括银行、农村信用合作社、信托公司、保险公司等，它们可以为农产品经营企业或生产专业户提供融通资金或信用担保，以促进交易，帮助农产品经营企业克服临时性的资金周转困难等问题。总之，随着商品经济的发展，社会分工越来越细，农产品经营企业对中介机构的依赖程度将会越来越高。因此，农产品在营销过程中，必须与这些中介机构建立良好的合作关系。

4. 农产品经营企业顾客

顾客是农产品的购买者包括最终消费者和农产品加工、经营企业，也是农产品生产者服务的对象和目标市场。农产品经营企业和专业户需要仔细地了解顾客市场，根据不同市场的特点更好地树立以顾客为中心的经营思想。农产品的顾客市场一般划分为三种类型，即消费者市场、生产者市场和中间商市场。

（1）消费者市场。

消费者市场是指为满足自身需要而购买的一切个人和家庭构成的市场。我国拥有一个 14 亿人口的大市场，但是在农产品处于买方市场的今天，农产品经营企业在竞争中赢得顾客才是决定企业生存与发展的关键。随着人们生活水平的提高，对农产品口感、特色的要求也越来越高，企业必须了解不同顾客群体需求的特点和变化趋势，不断改进产品、开发新产品，并切实维护顾客的基本权益，培养、引导顾客积极的消费意识，营造一个良好、稳定的消费者环境。

（2）生产者市场。

生产者市场，也即农产品加工企业或组织。有的农产品需要加工处理后才能供消费，有的则可以加工为工业原料。生产者市场是农产品消费大户，他们的顾客可以是批发、零售部门或个体消费者，也可以是工业企业、医药单位等。

（3）中间商市场。

这是为卖而买的组织。农产品经营企业要认真研究为之服务的不同顾客群，研究其类别、需求特点、购买动机等，使农产品经营企业的营销活动能针对顾客的需要，符合顾客的愿望。

5. 农产品经营企业竞争者

农产品经营企业在目标市场进行营销活动时，不可避免地会遇到竞争对手的挑战。竞争对手的营销战略及营销活动的变化会直接影响到农产品经营企业的营销。例如，最为明显的是竞争对手的价格、广告宣传、促销手段的变化，新产品的开发，售前售后服务的加强等，都将直接对农产品经营企业造成威胁。农产品经营企业必须密切注视竞争者的一切细微变化，并采取相应的对策与措施。

农产品经营企业面临的竞争呈现如下特点：

（1）企业竞争已经从国内竞争转向国际竞争。

随着经济全球化进程加快，企业的竞争已经从国内竞争转向国际竞争。我国的农产品经营者不仅要面对国内同行业的竞争者，还要面对国际上发达国家用现代科技武装起来的现代农业企业。挑战是十分严峻的。

（2）企业核心竞争力已经从资源、成本优势竞争转向科技、人才优势竞争。

随着 21 世纪知识经济时代的到来，科技发展日新月异，企业的核心竞争力已经从资源优势、成本优势的竞争转向科技优势和人才优势的竞争，要求企业不断进行产品创新、服务创新，比竞争对手更有效地满足目标顾客的需求，以差别化的产品来吸引顾客。

为此，除了发现并迎合消费者的需求外，识别自己的竞争对手，时刻关注他们，并随时对其行为做出反应亦是成功的关键。企业必须时时从顾客的角度出发，考虑顾客购买决策过程中可能考虑的因素，通过有效的产品定位，取得竞争优势。

6. 农产品经营企业社会公众

农产品经营企业社会公众是指对农产品经营企业、基地、专业户的生存和发展具有实际的和潜在的利害关系或影响力的一切团体和个人。公众是农产品经营企业或生产专业户寻求目标市场时的人缘基础。公众对农产品经营企业营销方式的态度、企业营销行为对公众利益的影响，两者之间有着极强的内在联系。

农产品经营企业所面临的公众包括金融公众、媒介公众、政府公众、社团公众、社区公众、内部公众、一般公众等。随着商品经济的高度发展，农产品交易日益复杂，商品流通频率加快，人与人之间的相互交往及社会联系更为频繁和多样化，这就出现一种作为社会现象的公众关系。而处理好公众关系，就成为农产品经营企业营销活动顺利进行所不可缺少的重要因素。

二、农产品市场营销环境分析方法

环境的发展变化可能给农产品经营企业带来机会，也可能造成威胁。然而，并不是所有的市场机会对农产品经营企业的营销活动有同样吸引力，也不是所有的环境威胁对农产品经营企业都有同样的危害程度。常用的农产品市场营销环境分析方法有 SWOT 分析法、波特五力模型分析法和 PEST 分析法。

（一）SWOT 分析法

1. SWOT 分析方法简介

SWOT 分析法又称为态势分析法，是一种对企业的优势、劣势、机会和威胁进行分析的方法。市场营销学中常被用来进行企业环境分析，也是企业根据环境分析进行营销战略制定的一种有效方法。其中，S 代表优势（strength），W 代表劣势（weakness），O 代表机会（opportunity），T 代表威胁（threat），S 和 W 是内部因素，O 和 T 是外部因素。

在进行 SWOT 分析时，通常把所有的内部因素（包括公司的优势和劣势）都集中在一起，然后用外部的力量来对这些因素进行评估。外部的力量包括机会和威胁，它们是由竞争的力量或企业环境中的趋势所造成的。这些因素的平衡决定了公司应做什么以及什么时候去做，从而为企业营销战略的制定提供依据。

SWOT 分析实际上是对企业内外部条件、各方面内容进行综合和概括，进而分析组织的优劣势、面临的机会和威胁的一种方法。其中，优劣势分析主要是着眼于企业自身的实力及其与竞争对手的比较，而机会和威胁分析将注意力放在外部环境的变化及对企业可能的影响上。但是，外部环境的同一变化给具有不同资源和能力的企业带来的机会与威胁却可能完全不同，因此，两者之间又有紧密的联系。SWOT 分析的主要内容有分析环境因素、构造 SWOT 分析矩阵、制定行动计划。

2. SWOT 分析方法的步骤

（1）分析环境因素。

运用各种调查研究方法，分析出公司所处的各种环境因素，即外部环境因素和内部环境因素。外部环境因素包括机会因素和威胁因素，它们是外部环境中对公司的发展有直接影响的有利和不利因素，属于客观因素，一般归属为经济、政治、社会、人口、产品和服务、技术、市场、竞争等不同范畴。内部环境因素包括优势因素和劣势因素，它们是公司在其发展中自身存在的积极和消极因素，属主动因素，一般归类为管理、组织、经营、财务、销售、人力资源等不同范畴，在调查分析这些因素时，不仅要考虑公司的历史与现状，而且更要考虑公司的未来发展。

（2）构造 SWOT 矩阵。

将调查得出的各种因素根据轻重缓急或影响程度等排序标准，构造 SWOT 矩阵。在此过程中，将那些对企业发展有直接、重要、大量、迫切、久远影响的因素优先排列出来，而将那些间接、次要、少许、不急、短暂的影响因素排列在后面。

按以下步骤完成这个 SWOT 分析表。

①把识别出的所有优势分成两组，分的时候应遵循以下原则：看看它们是与行业中潜在的机会有关，还是与潜在的威胁有关。

②用同样的方法把所有劣势分成两组，一组与机会有关，另一组与威胁有关。

③构建一个表格。每组占四分之一。

④把公司的优势和劣势与机会和威胁配对，分别放在每个格子中。SWOT 表格表明企业内部的优势和劣势与外部的机会和威胁的平衡。

（3）制订行动计划。

在完成环境因素分析和 SWOT 矩阵的构造后，便可以制订出相应的行动计划。制订行动计划的基本思路是：发挥优势因素，克服弱点因素；利用机会因素，化解威胁因素；考虑过去，立足当前，着眼未来。运用系统分析和综合分析方法，将优劣因素与需要考虑的各种环境因素相互匹配起来加以组合，就可以得出一系列公司未来发展的可选择对策。

（二）波特五力模型分析法

美国哈佛大学教授迈克尔·波特（Michael Porter）于 20 世纪 80 年代在他的名著《竞争战略》中，提出了一种结构化的环境分析方法，通常被称为“五力分析”模型或“五力分析”法。五力分析法提出了五种环境要素，它们分别是产业新进入者的威胁、供货商的议价能力、购买者的议价能力、替代品或服务的威胁及现有厂商的竞争程度，它们构成了企业的竞争环境。

产业新进入者的威胁：进入本行业有哪些壁垒？它们阻碍新进入者的作用有多大？本企业怎样确定自己的地位（自己进入或者阻止对手进入）？

供货商的议价能力：供货商的品牌或价格特色、供货商的战略中本企业的地位、供货商之间的关系、从供货商之间转移的成本等，这些因素都影响企业与供货商的关系及其竞争优势。

买方的议价能力：本企业的部件或原材料产品占买方成本的比例，各买方之间是否有联合的危险，本企业与买方是否具有战略合作关系等。

替代品或服务的威胁：替代品限定了公司产品的最高价，替代品对公司有威胁，但也可能会带来机会。企业必须分析：替代品给公司的产品或服务带来的是“灭顶之灾”呢，还是提供了更高的利润或价值；购买者转而购买替代品的转移成本；公司可以采取什么措施来降低成本或增加附加值以降低消费者购买替代品的风险？

现有厂商的竞争：行业内竞争者的均衡程度、增长速度、固定成本比例、本行业产品或服务的差异化程度、退出壁垒等，它们决定了一个行业内的竞争激烈程度。

显然，最危险的环境是进入壁垒低、存在替代品、议价能力由供货商或买方控制、行业内竞争激烈的产业环境。

对五种竞争力量的分析有助于企业理清自己所处的竞争环境，并且系统地了解产业中竞争的关键因素。五种竞争力能够决定产业的获利能力，它们影响着产品的价格、成本及必要的投资。每一种竞争力的强弱，都决定着产业的结构或经济及技术等特质。

（三）PEST分析法

PEST分析法就是从众多影响因素中筛选出政治法律环境因素、经济（Economic）环境因素、社会文化（Social & Cultural）环境因素和技术（Technological）环境因素等四个关键因素对企业的发展影响进行分析。

1. 政治法律环境因素

垄断法律、环境保护法、税法、对外贸易规定、劳动法、政府稳定性等。

2. 经济环境因素

经济周期、GNP趋势、利率、货币供给、通货膨胀、失业率、可支配收入、能源供给、成本等。

3. 社会文化环境因素

人口增长、收入分配、社会稳定、生活方式的变化、教育水平、消费等。

4. 技术环境因素

政府对研究的投入，政府和行业对技术的重视，新技术的发明和进展，技术传播的速度、折旧和报废速度等。

外部环境 =f（政治法律，经济，技术，社会文化……）

第三节 农产品市场细分与定位

一、农产品市场细分

（一）农产品市场细分的概念

市场细分源于市场“多元异质性”理论，即消费者对于大部分产品的需求呈现多元化的趋势，具有异质性要求。市场细分的目的正是为了在具有多元化消费需求的市场中将有相同或类似需求的消费者区分出来，并聚集到一起。由此可见，市场细分是对需求的细分，而不是对产品的细分，产品细分只是市场细分的结果。所谓农产品市场细分，就是根据农产品总体市场中不同的消费者在需求特点、购买行为和购买习惯等方面的差异性，将农产品的市场整体划分为若干个具有类似需求的消费者群的过程。市场细分后每一个消费者群就是一个细分市场，即“子市场”或“亚市场”。需要指出的是，农产品消费者群是一个处在变化发展中的人数众多的庞大群体，广泛分布在社会的方方面面，形成一个个主体部分各自独立、边缘部分相互交叉的特定消费者群。

（二）农产品市场细分依据

消费者对农产品需求与偏好主要受地理因素、人口统计因素、消费者心理因素、消费者行为因素、消费者收益细分等多方面的影响，因此，这些因素都可以作为农产品市场细分的依据。

1. 地理因素

由于不同地理环境下的消费者对于农产品有不同的偏好和需求，因此，他们对农产品经营企业所采取的市场营销策略也会有不同反应。按地理因素细分市场，即根据消费者所处的自然与地理位置来细分消费者市场。相应的变量包括地理位置、城镇大小、地形、地貌、气候、交通状况、人口密集度、生产力布局、交通和通信条件等。按此标准细分市场，有利于农产品经营企业开拓特定的区域市场。它是市场细分中最常用的标准。例如，在美国，由于东部人喜欢味道清淡的咖啡，而西部人则爱好味道浓郁的咖啡，因此，美国通用食品公司面对不同地区消费者偏好的差异而推销不同味道的咖啡。

农产品经营企业应当选择那些自己能够提供最好服务、实现最高利益的地理市场作为目标市场。然而，即使处于相同地理位置的消费者，其需求也存在差异，尤其是在人口流动较频繁的城市。因此，简单地以某一地理特征区分市场，不一定能真实反映消费者的需求差异，农产品经营企业在进行市场细分时，还需要结合其他细分变量进行综合考虑。

2. 人口统计因素

根据人口统计因素来细分市场，主要变量包括年龄、性别、职业、家庭规模与收入、民族、宗教、教育、家庭人口、家庭生命周期等。这些变量与消费者需求存在密切关系，不同人口特征的消费者需求存在差异。

（1）性别。

性别细分常被运用到许多行业的分析中，由于生理上的差别，男性与女性在农产品的需求与偏好上存在一定程度的差别。

（2）年龄。

消费者的需求与偏好随着年龄会不断变化。农产品经营企业应根据不同年龄阶段消费者的需求特点提供不同的农产品或服务。

（3）收入。

高收入消费者与低收入消费者在农产品选择上也有所不同。收入往往是引起需求差异的重要原因。

（4）家庭生命周期。

一个家庭，按照年龄、婚姻、子女情况，可以划分为单身阶段、新婚阶段、满巢Ⅰ阶段、满巢Ⅱ阶段、空巢Ⅰ阶段、空巢Ⅱ阶段及鳏寡阶段 7 个阶段。因为不同阶段家庭购买能力不同，家庭基本成员对于农产品的偏好也会有所差异。

按人口状况细分市场较容易测度和获取数据，但消费者需求及购买决策行为还必须依据消费者心理、消费者行为、消费者受益等因素。

3. 消费者行为因素

根据消费者消费行为因素细分市场，主要变量包括购买时机、购买数量、购买频率、购买习惯（品牌忠诚度），对服务、价格、渠道、广告的敏感程度，是否上网等。以购买频率为例，消费者市场分为经常购买者、初次购买者、潜在购买者等。大企业凭借雄厚的经济实力，可以开发潜在的购买者市场，而作为小企业，则以保住一部分经常购买者为宜。又以品牌忠诚度为例，消费者市场可以分为单一品牌忠诚者、几种品牌忠诚者、无品牌忠诚者，不同细分市场的开发难度亦不同。农产品经营企业可以通过对消费者类型进行分析，从中寻找营销中存在的问题,从而及时解决。如分析单一品牌忠诚者,可以清楚了解目标市场的消费者情况,分析几种品牌忠诚者，了解主要竞争者，以便采取相应应对措施。农产品经营企业还可以按照消费者对农产品的态度来细分消费市场，消费者对农产品的态度可分为喜爱、肯定、没兴趣、否定和敌对等。企业管理者对于这些持有不同态度的消费群体宜分别采取不同的市场营销策略。

4. 消费者受益细分因素

消费者购买农产品的目的有时并不一样，也许他们只是被农产品的某种特性或功能所吸引。按消费者受益细分市场，即根据消费者追求的利益不同进行市场细分。农产品经营企业应当寻找消费者购买农产品所追求的主要利益和目的，了解该类型消费者群体的特征，根据本企业条件选择其中追求某种利益的消费者群体作为目标市场，规划和生产出适合目标市场需要的农产品，并利用广告宣传等方式将农产品的相关信息传递给消费者。

细分消费市场的标准,有一部分也适用于生产市场。如①按最终用户细分市场：最终用户的需求是细分生产市场最常用的标准；②按地理位置细分市场：不同国家和地区由于自然条件、交通运输、通信、经济发展以及历史传统等原因，形成不同的工业区域，这就决定了生产资料往往比消费品市场在区域上更为集中，因此地理位置就成为细分生产资料市场的重要标准；③按经营规模细分市场：最终用户的经营规模决定了其购买能力的大小以及购买数量的多少。

需要注意的是，在实际操作过程中，整体市场很少有泾渭分明的界限，有的细分子市场可能存在相互重叠的情况。

（三）有效细分市场的特征

1. 可衡量性

细分后的各个市场的购买力和规模都是可以识别和衡量的，即有明显的区别，有合理的范围。如果细分变数很难衡量的话，就无法界定市场。

2. 可盈利性

细分市场的可盈利性又称为规模性。所选定的细分市场容量足以使企业获利。

3. 可进入性

所选定的细分市场必须与企业自身状况，尤其是经营优势和特色相匹配，企业有优势占领这一市场。可进入性具体表现在信息进入、产品进入和竞争进入。

4. 差异性

细分市场应该在观念上能被区别，并对不同的营销组合因素和营销方案有不同的反应。

5. 相对稳定性

细分后的市场能在一定时间内保持相对稳定，这直接关系到企业生产经营的稳定性。

（四）农产品市场细分的程序

农产品市场细分作为一个比较、分类、选择的过程，应该按照一定的程序来进行。

1. 选定农产品的市场范围

根据市场的需求和本企业的产品结构及发展方向，确定农产品的市场范围，即进入什么产业，生产什么产品，提供什么服务。产品市场范围应以消费者的需求，而不是产品本身特性来确定。市场细分的目的可以有很多种，如增加现有顾客对产品的忠诚度，或吸引新的顾客，或把顾客从竞争对手那里吸引过来。针对不同的细分目的，了解市场信息，这些市场信息包括：顾客对产品或服务的介入程度有多深；顾客对这种产品、服务或该产业了解有多深；顾客愿意而且能够讨论到何种程度；这是一种新产品还是现有产品；经营者和销售者对现有市场结构的看法等。

2. 列出潜在顾客的基本需求

确定了产品的市场范围后，还需全面列出潜在顾客的基本需求。通常来说，品牌农产品消费者的基本需求主要有：

①满足温饱和提供人体基本营养的需求；

②对农产品品质的需求，温饱解决之后，人们会对农产品诸如品相、口感、营养搭配等提出进一步的要求；

③对农产品安全性的需求，根据农业农村部的调查显示，国内消费者对无公害农产品、绿色食品品牌的认知度分别超过70%和80%。随着食品安全意识的增强，越来越多的消费者更愿意选购“三品一标”产品；

④对农产品外观的需求，消费者或者购买有特色的农产品作为礼物馈赠他人（情感功能的需求），或者购买那些能够昭示身份地位的昂贵的珍品（社会象征功能的需求），都对农产品的外包装提出了更高的要求；

⑤对农产品便利程度的需求，对包括购买过程和使用过程两个方面的便捷有了更高的期望值；

⑥对农产品优质服务的需求，优质的服务是所有消费者的期盼，产品与服务

已成为不可分割的整体，消费者在购买产品的同时，也购买了与产品相关的服务。

3. 了解潜在顾客的不同需求

在分析基本需求的基础上，我们发现不同顾客偏好的侧重点往往存在差异。因而，农产品经营者需要进一步搜集有关市场信息与顾客背景资料，通过对顾客特征的分析，清晰掌握不同顾客偏好的侧重点。例如，品牌农产品提供人体基本营养、品质、安全，这是所有品牌农产品消费者共同强调的，但有的消费者可能特别重视农产品的外观，有的消费者特别重视农产品的便利程度及服务。通过这种差异比较，不同的顾客群体即可初步被识别出来。

4. 确定细分指标

抽取潜在顾客的共同要求，而以不同需求作为细分标准。市场细分的基础是顾客需求的差异性，所以，凡是使顾客需求产生差异的因素都可以作为市场细分的标准，细分标准即细分变量指标。消费者对农产品的需求与偏好主要受地理因素、人口因素、心理因素、行为因素及收益细分等方面的影响，而这 5 个方面的农产品市场细分的标准又包括一系列的细分变量。

5. 初步细分市场

根据潜在顾客差异性需求将其划分为不同的群体或子市场，并赋予每一个子市场一定的名称。

6. 分析细分市场特点

进一步分析每一细分市场需求与购买行为特点，并分析其原因，以便在此基础上决定是否可以对这些细分出来的市场进行合并，或做进一步细分。

7. 评估各细分市场

对影响各细分市场需求变化的因素，如市场规模（顾客数量）、发展潜力、盈利潜力、竞争程度等进行进一步评估，并结合生产经营者的资源状况，对各细分市场的可进入性进行综合分析和评估。如果细分市场评估结果不尽如人意，就需要返回第四步，确定新的细分变量重新进行市场细分。

（五）农产品市场细分的方法

通常来说，农产品市场细分有 3 种方法：

1. 单一变量法

单一变量法是根据影响农产品消费需求的某一个重要因素对市场进行细分，如按年龄细分市场，可分为新生儿、婴儿、婴幼儿、儿童、少年、青年、中年、中老年、老年等。然而，由于影响消费者需求的因素多种多样，部分因素还相互交织，共同影响着农产品需求，因此单一变量法只是一种概括性的细分。

2. 多个变量因素组合法

多个变量因素组合法即用影响消费需求的两种或两种以上的因素进行综合细分。例如，现有 A、B 两个影响需求程度较大的因素，每种因素分 3 种情况，则细分市场将达到 3×3=9 个。农产品经营企业可以根据各细分市场的具体情况确定自己的目标市场。

3. 系列变量因素法

当细分市场所涉及的因素是多项的，并且各因素是按一定的顺序逐步进行，可由粗到细、由浅入深，逐步进行细分，这种方法称为系列因素细分法。这种方法可使目标市场更加明确具体，有利于企业更好地制定相应的市场营销策略。

由于各农产品经营者在经营实力、产品特点和市场状况等方面的差异，他们在细分市场时对细分变量的运用必然不同。在新兴市场中，用少量变量来对市场进行粗略细分就可满足需要；而在成熟市场中，单一变量很难有效地细分市场，则通常采用综合变量来细分市场。例如，综合“社会阶层”“年龄”“使用率”等变量来细分市场，只有这样，经营者才能在激烈的竞争中寻找到比较有利的位置。

二、农产品目标市场选择

（一）农产品目标市场的概念、选择策略及条件

1. 目标市场及农产品目标市场的概念

所谓目标市场，是指通过市场细分，被企业所选定的，准备以相应的产品和服务去满足其现实的或潜在的消费需求的那一个或几个细分市场。市场细分与目标市场的选择有着密切的关系，它们既有联系，又有区别。市场细分是按不同的消费需求划分消费者群的过程；而目标市场则是企业选择一个或几个作为自己营销对象的细分市场。因此，市场细分是选择目标市场的前提，选择目标市场则是市场细分的目的和归宿。

农产品目标市场是指在市场细分的基础上，企业决定进入并为之服务的农产品市场。选择和确定农产品目标市场，是农业企业制定市场营销策略的首要内容和基本出发点。

2. 选择农产品目标市场的条件

一个理想的目标市场必须具备以下 3 个基本条件：

①要有足够的销售量，即一定要有尚未满足的现实需求和潜在需求，这个问

题对于一般小型农户来说问题不大，而对于规模较大的农产品生产者来说就显得非常重要。

②经营者必须有能力满足这个市场的需求，指企业能有效进入细分市场并为之服务。某些细分市场很容易接近，如女性市场（区隔变数：性别）、学生市场（区隔变数：职业）和年轻人市场（区隔变数：年龄）。但有些市场则很难接近。例如，一家粮食销售企业虽然细分了10个细分市场，但是职工人数太少，无法为每个细分市场制定相应的营销策略。

③在这个市场中必须具有竞争的优势，市场竞争可能有多种情况，如品牌、质量、价格、服务方式、人际关系等，但总的来说，可以分为两种基本类型：一是在同样条件下比竞争者定价低；二是提供满足消费者特定需要的服务，从而抵消价格高的不利影响。农户在与市场同类竞争者的比较中，应认清自己的长处与短处，尽量扬长避短，或以长补短，从而超越竞争者占领目标市场。

（二）农产品目标市场营销策略

为了有效地进入目标市场，企业可以采用不同的目标市场策略，通常有以下3种：

1. 无差异性目标市场营销策略

所谓无差异性目标市场营销策略，是指企业在进行市场细分之后，不考虑各子市场的特性差异，而只注意各市场需求方面的共性，将所有子市场即农产品的总体市场作为一个大的目标市场，只生产一种产品，制定单一的市场营销组合，力求在一定程度上适应尽可能多的顾客需求。

无差异性目标市场营销策略的优点是成本的经济性。一方面，可以大批量地生产、储存、运输和销售，因而单位农产品的成本较低；另一方面，因为不用细分市场，经营方式简单，节约营销费用。

2. 差异性目标市场营销策略

所谓差异性目标市场营销策略，是指企业针对不同细分市场上消费者对农产品的不同需求，生产不同的农产品，并采用不同的营销组合，以适应不同子市场的需求。这种策略适用于从事多种经营的大型农业企业，小型农业生产者、农户不宜使用这种策略。

差异性目标市场营销策略的优点是：第一，体现了以消费者为中心的经营思想，能满足不同消费者的需要，有利于扩大农产品销售额；第二，企业同时在几个细分市场上占优势，有利于提高企业声誉，树立良好的企业形象，增进消费者对企业和商品的信任感，从而有利于提高市场占有率。

3. 集中性目标市场营销策略

集中性目标市场营销策略（也称密集性市场营销策略）与前两种策略的不同之处，在于它不是把整个农产品市场作为自己的服务对象，而只是以一个或少数几个细分市场或一个细分市场中的一部分作为目标市场，集中企业营销力量，为该市场开发一种理想的农产品专门化生产和销售模式。采取这种目标市场策略的企业，追求的不是在较大市场上占有较少份额，而是在较小的市场上占有较大份额。企业面对若干细分市场并不希望尽量占有市场的大部分以至全部份额。明智的农业企业宁可集中全力争取一个或极少数几个细分市场，而不是将有限的人力、物力、财力分散用在广大的市场上。

采取这种策略的优点在于，营销对象集中，企业能充分发挥优势，深入了解市场需求变化，降低成本，提高盈利水平。

（三）确定农产品目标市场策略时应考虑的因素

1. 农产品经营企业的实力

农产品经营企业的实力是指企业在生产、技术、销售、资金和管理等方面能力的总和。企业在选择适当的目标市场策略时应当结合自身的能力来考虑。如果企业的实力较强且管理水平较高，可以选择差异性策略或无差异性策略；如果实力不足，则适宜选择集中性策略。

2. 农产品的特征

不同的农产品在消费需求上呈现出不同的特征。例如，米、盐等农产品虽然在品质上存在差别，但大多消费者群体一般不加以区分或者认为它们之间没有显著的区别，此时不需要做过多的宣传介绍，该类农产品的竞争主要体现在价格和服务的质量，因此，可以实施无差异性策略。但对于另一些农产品如苹果等，其产品差别化程度大，可以根据企业的能力选择采取差异性策略或集中性策略。

3. 农产品的生命周期

农产品在其生命周期的不同阶段有不同的特点，因而需要采用不同的目标市场策略。新产品刚上市时往往是以单一产品、单一渠道和单一价格进入市场，此时可采用无差异性策略。但当产品进入成长期或成熟期后，市场上同类的农产品增加，竞争加剧，此时如果农产品经营企业想要维持原有市场则应当采取集中性策略；如果需要开拓新市场则适宜采取差异性策略。

4. 市场特点

要看市场是否“同质”。如果市场上所有顾客在同一时期偏好相同，购买的数量相同，并且对营销刺激的反应相同，则为“同质市场”，可实行无差异性策略；反之，则应实行差异性策略。在农产品市场，普通农产品相对过剩，而优质农产品、特色农产品和绿色农产品则需求旺盛，此时，企业实施差异性策略或集中性策略将大有可为。

5. 竞争者的战略

一般来说，应该同竞争者的战略有所区别，反其道而行之。如果对手是强有力的竞争者，实行的是无差异性策略，则本企业实行差异性策略往往能取得良好的效果；如果对手已经实行差异性策略，本企业却仍实行无差异性策略，势必失利。在此情况下，应考虑实行更深一层的差异性策略或集中性策略。

（四）选择农产品目标市场应避免“多数谬误”

1. “多数谬误”的含义

选择目标市场的目的是为了使产品有销路。问题是并非有销路的市场都一定能成为企业理想的目标市场，如果出现多数谬误，农户就不可能实现预期的营销目标，还可能导致挫折和失败。多数谬误是指过多的农户都把同一个细分市场作为自己的目标市场，从而造成某一种产品的供给远远超过市场需求。在这种情况下，这些农户共同经营同一种产品，实际上就是共同争夺同一产品有限的消费者群。结果造成社会劳动和资源的浪费，也不能满足本来有条件满足的其他市场需求，大大提高了农户的机会成本，影响农户的经济效益，甚至造成农户的营销失败。在现实的经济生活中，多数谬误屡屡发生。

2. “多数谬误”原因分析

从农户市场营销实践来看，多数谬误的原因是：

①农户均将市场容量最大、利润潜量最大的市场作为目标市场，许多农户只盯着市场的需求潜量和诱人的利润。认为只要市场有需求，重视产品质量，价格合理，加上推销工作，就一定能够扩大销售量，提高市场占有率，从而取得最大的利润。结果，竞争者太多，形成同步共振，造成损失。

②企业经营者在指导思想上急功近利，只考虑农户的目前利益，避难就易，而看不到长远利益，使经营陷入困境，这种情况是农户把最容易进入的市场作为目标市场。有些农户看到某些农产品畅销，而且投资小，见效快，市场容易进入，便增加了投资冲动。

③抵挡不住外围市场一时走俏的诱惑，市场细分，确定目标消费群，只能在自己的有效市场范围内，绝不能放弃自己的优势，去追求所谓的“热”。俗话说：“庄稼活，不用学，人家咋做咱咋做。”这是一种盲从思想，很多农民正是在这种习惯思维的引导下急功近利，盲目发展，看到人家赚了钱也挤同一条赚钱道，自觉不自觉地扩大同类农产品的种植面积，结果谁也赚不了钱，这样的“合成谬误”已屡见不鲜并使农民深受其害。

④对已经确定的目标市场缺乏精细的了解，信息不同于独得之秘的情报，它确是宝贵资源，却是共有资源。当你从传媒得知某地某货奇缺价昂而进行生产时，你将和四面八方获知同一信息采取统一举措的其他众多农户在市场上发生碰撞，奇缺变为过剩，抢购的俏货转眼之间变成卖不出去的滞销货。一哄而上很难称为市场失灵，倒可以称为市场过敏了。

⑤对细分后的目标市场的变化没有足够的把握，市场细分的各项变量随着社会大环境的变化而不断变化，所以就不能用固定不变的观念去看待变化的市场，而应以变应变，具体问题具体分析，及时调整自己的营销策略。

市场细分是一个复杂的问题，不是简单地种什么、养什么的问题，它还牵涉到资金、市场、人才、技术等诸多因素。因此，进行市场细分必须对多种因素进行综合考虑、科学论证、统筹规划，有计划、有步骤地进行。客观地讲，在商品经济生产中，多数谬误是很难完全避免的，问题是尽可能把多数谬误控制在最小的范围之内，要把它造成的损失降低到最低限度。

三、农产品目标市场定位

（一）农产品目标市场定位的含义

市场定位就是指企业为某一种产品在市场上树立一个明确的、区别于竞争者产品的、符合消费者需要的地位。所谓农产品定位，是对农产品所施行的市场定位行为，即指农产品生产经营者根据竞争者现有产品在市场上所处的位置，针对消费者对该产品某种特征或属性的重视程度，强有力地塑造本企业产品与众不同的鲜明个性或形象，并传递给顾客，从而确定该产品在市场中的适当位置。

市场定位的“位”，是产品在消费者感觉中所处的地位，是一个抽象的心理位置的概念。市场上的商品越来越丰富，但与竞争者雷同、毫无个性的产品，很可能淹没在商品的海洋中，无法吸引消费者的注意。农产品的市场定位是企业通过为自己的产品创造鲜明的特色和个性，从而在顾客心目中塑造出独特的形象和位置来实现的。这种特色和形象既可以从产品实体方面表现出来，如品质、包装等，也可以从消费者心理方面反映出来，如安全、档次等。

（二）农产品目标市场定位的方法

市场定位的方法多种多样，但是由于农产品具有与一般产品不同的特点，因而其定位方法有其独特性。一般来说，有以下 3 种定位方法：

1. 根据农产品的用途定位

同一种农产品可能有多种用途，如有的农产品既可以供消费者直接食用，又可以用于食品加工，那么就可以分别对它们进行不同的定位。此外，为一种老产品找到新用途时，也可用这种定位方法。

2. 根据农产品的特性定位

农产品的特性包括其种源、生产技术、生产过程、产地等，这些特征都可作为农产品定位依据。例如，“绿色农产品”“无公害蔬菜”等都是根据农产品的特性进行定位的。尤其当农产品的这种特性是竞争者无法提供的时候，这种定位更有效。

3. 根据消费者的习惯定位

这是按照农产品消费者对产品的习惯看法确定产品形象，进行目标市场定位。

（三）农产品目标市场定位策略

农产品市场定位的策略是指农产品生产经营者根据目标市场的情况，结合自己的条件确定竞争原则。通常可分为以下 3 种：

1. “针锋相对”策略

“针锋相对”策略是把产品定在与竞争者相似的位置，与竞争者争夺同一细分市场。例如，有的农户在市场上看别人经营什么，自己也选择经营什么。采用这种定位策略要求经营者具备资源、产品成本、质量等方面的优势，否则，在竞争中会处于劣势，甚至失败。

2. “填补空缺”策略

“填空补缺”策略不是去模仿别人的经营方向，而是寻找新的，尚未被别人占领，但又为消费者所重视的经营项目，以补缺市场空白的策略。例如，有的农户发现在肉鸡销售中大企业占有优势，自己就选择经营饲养“农家鸡”“柴鸡”“土鸡”“虫草鸡”“枇杷鸡”等，并采取活鸡现场屠宰销售的方式，填补大企业不能经营的市场空白。

3. “另辟蹊径”策略

当农产品经营者意识到自己无力与同行业有实力的竞争者抗衡时，可根据自己的条件选择相对优势来竞争。例如，有的生产经营蔬菜的农户既缺乏进入超级市场的批量和资金，又缺乏运输能力，就利用区域集市，或者与企事业单位的联系，甚至走街串巷，避开大市场的竞争，将蔬菜销售给不能经常到市场购买的消费者。

第二章 农产品市场营销策略的制定

第一节　制定农产品销售价格体系

一、认识农产品

（一）认识产品

1. 产品

农产品市场营销是以满足市场需要为核心任务，而市场需要的满足只能通过提供某种农产品来实现。因此，农产品是市场营销的基础，其他各种市场营销策略，如价格策略、分销策略、促销策略、公共关系等，都是以产品策略为核心展开的。因此，让我们先来认识什么是产品？

人们通常理解的产品是指具有某种特定物质形状和用途的物品，是看得见、摸得着的东西。这是一种狭义的定义。

产品不仅仅是个生产过程，更是一个经营过程。在现代市场经济条件下，每一个农产品营销者应致力于农产品整体概念的开发和产品组合结构的优化，并随着产品生命周期的演化，及时开发新产品，以更好地满足市场需要，提高产品竞争力，取得更好的经济效益。

而对于经营者来说：产品是指人们通过购买而获得的能够满足某种需求的所有物品的总称，它既包括具有物质形态的产品实体，又包括非物质形态的利益，这就是“产品的整体概念”。

2. 产品整体概念

产品整体概念通常从以下几个方面来表述：

（1）核心产品。

核心产品指产品能够提供给消费者的基本效用或益处，是消费者所追求的核心内容。如馒头是为了充饥，西瓜是为了解渴等。因此，经营者在开发农产品时应明确产品能提供的基本效用，该产品才具有吸引力。

（2）视觉产品。

视觉产品是产品在市场上出现时所具有的具体物质外形，它是产品的形态、包装等。核心产品只有通过视觉产品才能体现出来。产品的视觉特征主要指质量、外观、大小、包装等。如面粉，它不仅仅指把小麦加工成面粉，还包括它的灰分、面筋指数、品相、容量等。

（3）附加产品。

附加产品指消费者购买产品所得到的各种附加利益的总和。它包括送货、使用指导、质量保证等售前售后服务。由于产品的消费是一个连续的过程，因此，服务是不能少的。可以预见，随着市场竞争的激烈展开和用户需求不断提高，附加产品越来越成为竞争获胜的重要手段。

（4）心理产品。

心理产品指产品的品牌和形象提供给消费者心理上的满足。农产品的消费往往是生理消费和心理消费相结合的过程，随着人们生活水平的提高，人们对农产品的品质和品牌看得越来越重，因而它也是产品整体概念的重要组成部分。

3. 产品整体概念的意义

产品整体概念，是市场经营思想的重大发展，它对经营者有着重大意义。

（1）指明了产品是由视觉特征和心理感受构成的综合体。

一方面经营者在产品设计、开发过程中，应有针对性地提供不同功能，以满足消费者的不同需要，同时还要保证产品的可靠性和经济性。另一方面对于产品的心理感受也应充分重视，因为，它也是影响消费者购买产品的重要因素。

产品的视觉特征和心理感受的关系是相辅相成的，心理感受包含在视觉特征之中，并以视觉特征为后盾；而视觉特征又需要通过心理感受来强化。

（2）产品整体概念是一个动态的概念。

随着市场消费需求水平和层次的提高，市场竞争焦点不断转移，对产品提出更高要求。为适应这样的市场变化，产品整体概念的外延处在不断再外延的趋势之中。当产品整体概念的外延再外延一个层次时，市场竞争又将在一个新领域展开。

（3）对产品整体概念的理解必须以市场需求为中心。

产品整体概念的4个层次，清晰地体现了一切以市场需求为中心的现代营销观念。衡量一个产品的价值，是由消费者决定的，而不是由经营者决定的。

（4）产品的差异性和特色是市场竞争的重要内容。

产品整体概念4个层次中的任何一个要素都可能形成与众不同的特点。经营者在产品的效用、包装、款式、品牌、形象等每一个方面都应该按照市场需要进行创新设计。

（5）把握核心产品内容可以衍生出一系列有形产品。

一般来说，视觉产品是核心产品的载体，是核心产品的转化形式。这两者的关系给我们这样的启示：把握产品的核心产品层次，产品的包装、特色等完全可以突破原有的框架，由此开发出一系列新产品。

（二）产品生命周期

1. 产品生命周期的概念

产品生命周期指产品在完成开发以后，从投入市场开始到被市场淘汰为止所经历的时间周期。

产品生命周期一般以产品销量和利润的变化为标志分为4个阶段：导入期、成长期、成熟期、衰退期。

2. 产品生命周期各阶段的营销策略

由于产品生命周期各阶段的特点不同，经营者在各阶段做出的经营决策的内容也不同。

（1）导入期营销策略。

这一阶段新产品刚投入市场销售，由于销售量少而且销售费用高，经营者往往无利可图或者获利甚微，经营者营销重点主要集中在“促销－价格”策略方面。

①快速撇取策略。即以“高价格－高促销水平”策略推出新产品，迅速扩大销售量来加速对市场的渗透，以图在竞争者还没有反应过来时，先声夺人，把本钱捞回来。采用这一策略的市场条件是：绝大部分消费者还没有意识到该产品的潜在市场；消费者了解该产品后愿意支付高价；产品十分新颖，具有老产品所不具备的特色；经营者面临着潜在竞争。

②缓慢撇取策略。即以“高价格－低促销费用”策略推出新产品，高价可以迅速收回成本、撇取最大利润，低促销费用又是减少营销成本的保证。

采用这一策略的市场条件是：市场规模有限；消费者大多已知晓这种产品；消费者愿意支付高价；市场竞争威胁不大。

③快速渗透策略。即以“低价格－高促销费用”策略，花费大量的广告费，以低价格争取更多消费者的认可，获取最大的市场份额。

采取这一策略的市场条件是：市场规模大；消费者对该产品不知晓；大多数消费者对价格敏感；竞争对手多，且市场竞争激烈。

④缓慢渗透策略。即以“低价格－低促销费用”策略降低营销成本，并有效地阻止竞争对手介入。

采取这一策略的市场条件是：市场容量大；市场上该产品的知名度较高；市场对该产品价格相对敏感；有相当数量的竞争对手。

（2）成长期的营销策略。

成长期的主要标志是销售量迅速增长。这是因为，已有越来越多的消费者喜欢这种产品，大批量生产能力已形成，分销渠道也已疏通，新的竞争者开始进入，但还未形成有力的对手。这一阶段经营者的营销应尽力发展销售能力，紧紧把握住取得较大成就的机会。

①改进产品质量和增加产品的特色、款式等。在产品成长期，经营者要对产品的质量、性能、式样、包装等方面努力加以改进，以对抗竞争产品。

②开辟新市场。通过市场细分寻找新的目标市场，以扩大销售额。在新市场要着力建立新的分销网络，扩大销售网点，并建立好的经销制度。

③改变广告内容。随着产品市场逐步被打开，该类产品已被市场接受，同类产品的各种品牌都开始走俏。此时，经营者广告的侧重点要突出品牌，力争把上升的市场需求集中到经营者自身的品牌需求上来。

④适当降价。在扩大生产规模、降低生产成本的基础上，选择在适当时机降价，适应多数消费者的承受力，并限制竞争者的加入。

（3）成熟期的营销策略。

成熟期的主要特征是“二大一长”，即在这一阶段产品生产量大、销售量大，阶段持续时间长。同时，此时市场竞争异常激烈。为此，经营者总的营销策略要防止消极防御，应采取积极进攻的策略。

①市场改进策略。通过扩大消费者队伍和提高单个消费者使用率，来提高销售量。

②产品改进策略。通过改进现有产品的特性，以吸引新用户或增加新用户使用量。

③营销组合改进策略。通过改变营销组合中各要素的先后次序和轻重缓急，来延长产品的成熟期。

（4）衰退期营销策略。

产品进入衰退期，销售量每况愈下；消费者已在期待新产品的出现或已转向；有些竞争者已退出市场，留下来的经营者可能会减少产品的附带服务；经营者经常调低价格，处理存货，不仅利润下降，而且有损于经营者声誉。因此，在衰退期的营销策略有以下内容：

①收缩策略。即把经营者的资源集中使用在最有利的细分市场、最有效的销售渠道和最易销售的品种上，力争在最有利的局部市场赢得尽可能多的利润。

②榨取策略。大幅度降低销售费用，也降低价格，以尽可能增加眼前利润。这是由于再继续经营市场下降趋势已明确的产品，大多得不偿失。而且不下决心淘汰疲软产品，还会延误寻找替代产品的商机，使产品组合失去平衡，会削弱经营者未来的市场布局。

3. 产品组合策略

产品组合策略：经营者根据其目标和市场竞争环境，对产品组合的宽度、长度、深度和密度进行抉择，使之形成最佳的产品组合。

（1）扩展策略。

扩展策略包括扩展产品组合的宽度和长度。前者是在原产品组合中增加一条或几条产品线，扩大经营者的经营范围；后者是在原有产品线内增加新的产品项目，发展系列产品。

一般当经营者预测现有产品线的销售额和毛利率在未来几年要下降时，往往就会考虑这一策略。这一策略可以充分利用经营者的人力等各项资源，深挖潜力，分散风险，增强竞争能力。当然，扩展策略也往往会分散经营者的精力，增加管理困难，有时会使边际成本加大，甚至由于新产品的质量、功能等问题，而影响经营者原有产品的信誉。

（2）缩减策略。

缩减策略是经营者从产品组合中剔除那些获利小的产品线或产品项目，集中经营那些获利最多的产品线和产品项目。

缩减策略可使经营者集中精力对少数产品进行品质改进、降低成本的工作，删除得不偿失的产品，提高经济效益。当然，经营者失去了部分市场，也会增加经营者的风险。

（3）产品延伸策略。

每一个经营者的产品都有其特定的市场定位。产品延伸策略是指全部或部分地改变经营者产品的市场定位。具体做法有向下延伸、向上延伸、双向延伸。

①向下延伸。指经营者原来经营高档产品，后来增加一些中低档产品。

②向上延伸。指经营者原定位于低档市场的产品线向上延伸，在原有产品的基础上向上增加高档产品项目，使经营者进入高档产品市场。

③双向延伸。是指原生产中档产品经营者在取得市场优势后，决定同时向产品线的上下两个方向延伸，一方面增加高档产品，另一方面增加低档产品，力争全方面占领市场。

（三）农产品

1. 农产品的特点

（1）食品的原料。

农产品生产的大部分是将原料直接或进行非常简单的加工后进行出售。

（2）低廉的价值。

与其他产品相比，农产品较为笨重，在产品流通的过程中，又需要投入较多的劳动、运输成本等，但价值又极为低廉。如一车小麦的价值远远低于一车电视机或洗衣机的价值。因此，农产品经营者的收益也是非常少的。

（3）易变质的产品。

农产品作为生物产品，如果不被及时使用，最终都会变质腐坏。必须在一定的时间内进行销售，否则就会丧失其价值。对农产品经营者来说，如果不能适时出售农产品，将影响到基本的生存问题。

（4）不稳定的品质。

农产品的生产受到光、温、水、病、虫、天气等自然条件的影响，农产品的产量、品质、品相等得不到保证。对农产品经营者来说，难以提前与消费者签订供货合同，农产品经营者承担了巨大的风险。

（5）不易变的产量。

农产品的生产规模受环境条件的制约，生产周期又很长。一旦错过了生产周期，生产的数量基本确定，难以适应需求的变化。农产品价格的剧烈变化导致经营者的收益变化无常。

（6）生产的季节性。

大部分农产品的生产具有高度的季节性特点。要求农产品的经营者要么具有强大运输及销售能力，要么具有强大的收贮能力，才能保证农产品的安全经营。强大的运输或收贮设备往往只是被短暂地超负荷地利用，一年之中，可能大部分时间都是闲置。高投入低利用，是农产品经营者的沉重负担。

2. 农产品新品开发

农产品和任何产品一样，有着出现、成长、成熟和衰亡的生命周期。因此，农产品经营者不能只顾经营现有的产品，还需要放眼未来，开发新产品。它不仅是经营者降低自身风险、提高效益的有效手段，也是提高竞争力的重要措施，更是创造新需求、增加新客户的最佳方式。

农产品市场营销中的新产品，可以是原有产品有新特征发现，新功能应用，新外观、新口味、新颜色等的变化，甚至新的加工工艺、新包装技术的采用等。新产品可以包括：全新的产品、换代的产品、改进的产品、仿制的产品等。

开发有市场潜力、满足市场需求的新产品，经营者必须遵循以下基本原则：①具有开发新产品的信息收集能力。②具有开发新产品的技术条件。③具有开发新产品的管理能力。④具有新产品的生产能力。⑤具有新产品的营销推广能力。

新产品开发的过程包括：①形成新产品的构想。②新产品的市场调研。③新产品功能及特征的定位。④新产品的技术分析。⑤新产品的投入预算。⑥新产品的研制。⑦新产品的试用及完善。⑧新产品的推广及销售。⑨新产品的改进。

二、制定农产品销售价格体系构建

（一）农产品价格的形成

价格和收入在农产品营销决策中起着非常重要的作用。因此，成本、价格、收入和利润是有效调节农产品营销策略的根本因素。

1. 影响农产品价格的因素

影响农产品价格的因素主要包括：①国家宏观政策、经济环境等。②消费者的收入、习惯、需求量等。③经营者的生产决策以及生产规模。④经营者的增值服务、采购成本、流通成本、营销成本等。⑤天气、病虫害等一些不可预测因素。⑥农产品的替代品多而复杂，也是影响农产品价格的重要因素。

2. 农产品价格的特点及变动规律

农产品价格与工业品价格相比，有价格变动频繁、变动幅度大和地区差异大等特点。

尽管农产品的市场价格变动频繁，但这种变动又是有规律可循的，这就是农产品价格的季节变动规律和周期变动规律。例如，蔬菜刚上市时价格较高，到了大量上市时价格就会降低。有些农产品只能在特定的地区生产，如铁棍山药，只生长在沁河南岸的温县北部及武陟西北部的地方，其他地区种植的山药均为非铁棍山药。因此，同一农产品因不同的地区产地导致价格差异巨大。

（1）季节变动规律。

农产品价格随季节变动的规律主要是由农产品季节性生产规律所决定的。例如,草莓生长在春天,桃盛产在夏天,苹果到秋天才上市。农产品生产具有季节性，而人们的消费却是常年性的,因此,农产品的价格会随季节不同而变化。一般来说：应季农产品供应量大,价格相对较低；过季农产品需要贮存与加工,且供应量减少,价格相对较高。

（2）价格周期变动规律。

价格周期变动规律是指市场价格发生变动引起需求量变动，而农产品生产不能立即做出反应，只有等到下一个生产周期才能调整生产，调整了之后可能又会出现新一轮变动，如此周期性循环。造成农产品价格循环周期变动的原因主要有3个：①农产品生产周期相对长，不可能像工业品那样根据市场供需状况和价格信号立即调整生产结构和生产量，改变市场供需状况。②当前大多数农产品还是由分散农户生产的，这种小生产与大市场的格局，使生产结构和生产数量难以迅速适应市场需求的变化。③当前多数农产品经营者仍处于封闭生产经营状态，还没有形成以市场为导向的经营观念，搜集不到市场供需变化的准确信息，只凭直观感觉决策，往往是某种农产品市场价格高便一哄而上，市场价格低又一哄而下，使生产总是滞后于市场需求。

（3）经济发展周期的变动规律。

在经济高速发展时期，就业率和收入快速提高，增加了对农产品的需求，从而刺激农产品价格上升；反之，经济发展速度降低后，就业率和收入增长放缓，对农产品的需求也随之减弱，从而引起农产品价格下降。

（4）节假日需求周期性的变动规律。

节假日需求的变化导致市场供求量的变化。如春节和八月十五，消费者的需求激增，农产品的供应量往往是平时的数倍，节后需求量骤减，导致价格出现明显的变动。就像春节前的农产品，一天一个价，价格随时都在变动，增幅不再是百分位的变化，甚至可能是数倍的变化。

3. 农产品定价目标

影响农产品价格的因素虽然很多，但是，农产品定价的目标是农产品经营者的具体任务，它是确定价格策略和营销策略的重要依据。农产品定价目标主要有以下几种：①以生存为目标，就是在激烈的竞争中，经营者在处于不利的市场环境中实行的一种缓兵之计，只能作为短期行为目标。②以利润最大化为目标。只有该农产品在市场中处于有利地位时，才可以选用的方式。③以增加销售量为目标，为了降低单位产品的成本，通过增加销量实现盈利的方式。主要吸引对价格敏感的消费者。④以市场占有率为目标，在市场竞争中，为了增加市场占有率，提高市场控制能力，阻止竞争者进入的措施。⑤以适应市场为目标，为了稳步进入市场，以竞争者的价格作为定价基础，与竞争者保持相对稳定的关系，避免使用价格战的策略。

（二）农产品的定价方法

农产品经营者往往需要根据不同的情况、不同的定价目标，采取不同的定价方法。常用的定价方法包括以下几种。

1. 成本加成定价法

成本加成定价法又称成本导向定价法，就是以产品的成本作为定价的基本依据，定价时较少地考虑市场需求和竞争状况。根据所确定的加成率（毛利率）和单位产品的总成本来制定产品的单价。由于毛利率的确定方法不同，加成定价法又可分为成本加成法（顺加法）和售价加成法（倒扣法）。

2. 目标利润定价法

根据企业的总成本和确定的目标利润来制定产品价格。

3. 理解价值定价法

理解价值定价法是以消费者对产品的价值感受和需求强度来作为定价的基本依据。

4. 需求差异定价法

需求差异定价法又称差别定价法，即企业对同一种产品或劳务，可根据不同的顾客，不同的时间、地点，不同的式样等制定不同的价格。差别定价法有以下几种形式：因顾客而异的差异定价；因产品式样、花色而异的差异定价；因时间而异的差异定价；因地点而异的差异定价。

5. 竞争导向定价法

竞争导向定价法是以市场上相互竞争的同类产品价格作为定价的基本依据。

（三）农产品定价策略

1. 折扣定价策略

折扣定价策略是为了鼓励消费者及时付款、大量购买等采用低于基本价的策略。

折扣定价策略主要包括：现金折扣、数量折扣、功能折扣、季节折扣等方式。

2. 心理定价策略

心理定价策略是针对消费者的不同消费心理，制定相应的价格，以满足不同类型消费者需求的策略。

心理定价策略一般包括尾数定价、整数定价、习惯定价、最小单位定价、招徕定价。

3. 促销定价策略

农产品属于价格敏感性的大众消费品，常运用促销价格以吸引眼球、增加销售的策略。

促销定价策略常在节假日进行，如节假日的“买一送一”“大酬宾”等优惠活动，是以招徕顾客为目标的定价策略。比如，超市在节假日中，牺牲某种产品的销售利润，甚至以低于成本的价格进行促销，让消费者明显感觉到该产品价格明显低于周边市场，选购有利可图，踊跃前往购买。

4. 声望定价策略

一般消费者都有面子需求，经营者将有品牌的产品，制定比市场中同类产品价格高的价格，它能有效地消除消费者心理障碍，使消费者不但产生信任感和安全感，而且会感到有面子。

5. 新品定价策略

新品定价策略常根据新品的特征选择不同的价格策略。

当经营的新品供应不足，或是培育的新、奇、特品种时，采用新产品定价策略，其价格要高出其价值的几倍或十几倍，以获取最大的利润。

当经营者的新品需求弹性较大，价格低，销量大，价格高，销量就会显著下降，采用渗透定价，其价格定得较低，可让产品迅速占领市场的策略。

当经营者的新品具有显著的特征，又不是必需的产品，常采用适中的价格，这种定价策略可能使经营者和顾客都比较满意。这种定价策略适宜于优质、特色的农产品。

（四）农产品的调价

1. 降价技巧

降价技巧，就是经营者根据经营情况，对产品降低价格的经销方法。这种方法若使用得当，无论是对经营者自己，还是对广大消费者，均有益处。

（1）降价的意义。

产品降价，可以扩大销售，增强竞争能力，促使经营者加强管理。一般来说，除产品滞销、陈旧变质等原因外，经营者要降价销售，就必须降低产品的成本。为此，经营者就要加强管理，降低消耗，提高劳动生产率。否则，一是无法降价，二是经营者收入会减少。

（2）降价的形式。

经营者产品降价，多采用如下形式：

①经营性降价。经营者为了扩大产品销售，有时甚至将产品售价降到成本以下，以吸引消费者购买。随着产品销量的扩大，单位产品的成本大大下降，利润也就有了。这种降价，一般属高明的经营者行为。

②优惠性降价。指经营者针对人们的求利心理，对带头购买、经常购买和大量购买的用户，给予优惠待遇，以鼓励他们扩大购买和经常光顾。此种“与人分利，于己得利”的策略，是扩大市场、争取客户的好办法。

③陈旧性降价。指经营者的产品由于长期积压，在外观、性能等方面已陈旧或变质，消费者很少问津，经营者为了将死物变成活钱，用于进行再生产，可采取削价的形式，促使产品尽快售出。所以，陈旧性降价也称处理性降价。

④竞争性降价。竞争性降价是经营者在产品的经销过程中为争夺用户所采用的低于竞争对手产品价格的一种策略和手段。

⑤季节性降价。季节性降价是经营者对季节性产品所采用的一种经销手法。一般来说，在产品的销售旺季，可按正常价格售出；到了销售的淡季，便应降低产品价格。

⑥效益性降价。效益性降价是经营者由于改进技术、加强管理、降低消耗，使产品的成本明显下降，从而降低产品的售价的一种方法。降价后，经营者仍能保持较好的经济效益。同时，这种降价形式一旦实施，便可增强竞争能力，扩大产品销售，进一步提高经营者的经济效益。

（3）降价的技巧。

降价的策略和技巧很多，上述 6 种降价形式中，每一种均体现着一定的策略和技巧。在销售实践中，还常采用如下降价技巧：

①“零头”降价。即根据消费者的求廉心理，将产品的整数价格变为尾数价格。

②弹性降价。即根据购物的不同数量，确定不同降价幅度的一种降价技巧。例如：一次购物在 100 件以内，产品按原价出售；一次购物 100 ~ 500 件，按原价的 95% 出售等。产品的弹性降价技巧，一般也称产品的折扣定价技巧，它可促

使消费者多购买产品。

③自动降价技巧。例如：美国一家商店规定，店内出售的产品如 12 天后卖不掉，就自动降价 25% 出售；再过 6 天卖不出，就自动降价 50% 出售；再过 6 天卖不出，就自动降价 75% 出售；再过 6 天卖不出，就将产品送人或抛弃。该店这样做，开始时亏了本，但时间长了，受到了消费者的普遍欢迎。

④自行降价技巧。一些易腐变质、当天必须售完的产品，如蔬菜、瓜果、鲜鱼等，若上午未售完下午就应自行降价，若下午仍未售完商店应及时处理。

⑤逆反降价技巧。一般情况下，产品降价出售，总是由高到低，如 100 元降为 90 元。但有的经营者在对产品进行降价时，却登出“100 元可买 110 元产品”的广告。这种降价技巧，从表面上看，与“100 元产品卖 90 元”没有什么差别，但仔细一想则不然：折扣的大小不同。“100 元产品卖 90 元”，折扣价为产品价格的 90%；“100 元买 110 元产品”，折扣价为产品价格的 90.91%。二者相差 0.91%，即后者的折扣比前者略低，经营者可增加约 1% 的利润。

消费者的心理反应不同。“100 元的产品卖 90 元”，消费者的直觉是削价求售，而“100 元买 110 元产品”，使消费者产生了货币价值提高的心理反应，产生“与产品降价无直接关系”的错觉。

实现的销售收入不同。在销售情况大致相同的情况下，“100 元产品卖 90 元”，一次实现的销售收入为 90 元；“100 元买 110 元产品”，一次实现的销售收入为 100 元。显然，后者比前者高出 10 元。

⑥部分降价技巧。为吸引消费者购买，可在经营者出售的产品中挑选具有代表性的一两种产品进行降价，或者降低消费者敏感性较强产品的价格。这样，既可直接吸引顾客前来购物，还可起到让顾客在购买降价产品的同时，也购买其他非降价产品的作用。

⑦全面降价技巧。杭州市解放路百货商店在报纸和电视台登出一则广告“凡本店出售的产品，其价格一律低于杭州市同类商店。如果有顾客买到的东西价格高于本市同类商店，均可持货物和单据到本店领取高出部分的差价”。在这里，该店就是采用了全面降价（低价）的技巧。从表面看，商店似乎减少了利润，其实并非如此。该店采用此法后，前来购物的人日渐增加，当月销售量就比上年同期上升 45.7%，资金周转加快 10.36 天，利润增长 44.9%。

（4）降价的要求。

为使产品降价取得理想的效果，经营者必须努力做到如下几点：

①降价的幅度要适宜。经营者产品的降价，应根据具体原因、目的和要求进行，

降价的幅度既不宜过小也不宜过大。过小，不足以引起消费者的兴趣，达不到降价的目的；过大，既会给经营者带来一定的利益损失，又会引起消费者的猜疑。

②降价的时机要恰当。对时尚产品，流行周期一过就应降价；对季节性产品，季末就应降价。一般来说，对新鲜产品，如蔬菜、水果、水产品等，在闭市前就应降价；对一般产品，应尽可能在陈旧、变质前降价。在市场疲软时，对非紧俏产品可随时降价处理。

③降价的次数应有所控制。总的要求是，经营者产品降价的次数不宜太多。一个产品的降价次数多了，会使消费者产生观望等待心理，不利于经营者的产品销售，也不利于经营者经销工作的正常开展。

④降价的标签应显示出来。产品降价后，应将降价后的价格标签立即显示出来。制作降价后的价格标签，一种方法是划去原标价，再填写降价后的价格；另一种方法是换上降价后的新标签。

2. 提价技巧

提价技巧就是经营者根据生产经营情况，对经营者产品实行提高价格的一种经销方法。

（1）提价的效应。

产品提价，对经营者来说，既有有利的一面，又有不利的一面，会产生正、负两种效应。通过提价，可增加效益，改善经营管理。即在产品成本一定的情况下，产品提价可提高经营者的盈利水平，增加效益。如果产品的售价不变，成本提高，时间长了，经营者就会缺乏足够的市场承受能力，就会发生亏损。但提价也会减少销售，削弱产品的竞争力。消费者对提价有一种本能的反感，心理承受能力较弱。所以，产品提价必然会减少（特别是提价开始阶段）销售。同时，根据价值规律，无论产品是供大于求，还是供小于求，在产品质量一定的前提下，谁的产品价格低，谁就会吸引更多的买者。

经营者只有在发生下列情况之一时，才能对产品进行提价。

①在产品供不应求，又一时难以扩大生产规模时，可考虑在不影响消费者需求的前提下，适当提高价格。

②对需求弹性较小的产品，经营者为促进单位产品利润的提高和总利润的扩大，在不影响销售量的前提下，可适当提高价格，如食盐等。

③产品的主要原材料价格提高，影响经营者的经济效益，在大多数同类经营者都有提高价格意向的前提下，可适当提高价格。

④产品的技术性能有所改进，或功能有所提高，或服务项目有所增加，在加

强销售宣传的前提下，可适当提高价格。

⑤与竞争对手相比，经营者确信自己的产品在品种、款式等方面更受用户欢迎，在市场上已建立良好的信誉，而原定价格水平偏低，可适当提价。

⑥经营者产品的生命周期即将结束，经营同类产品的经营者大多转产，经销人员在出售产品时，面对一些具有怀旧心理的消费者，自己的产品处于“奇货可居”状态时可以提高价格出售。

（2）提价的要求。

无论是因经营者的费用增加而提价，还是经营者根据市场情况提价，都有一定的风险，搞不好会适得其反。因此，经营者在提价时，必须遵循如下要求：

①提价的幅度要适宜。产品提价的幅度不宜过大，一般应控制在这样的水平上：一是不宜高于经营者生产经营费用增加的幅度；二是不宜高于同类产品经营者提价的幅度。

②提价的形式要灵活。可对产品直接提价，如从 2 元直接提到 2.2 元；可对产品间接提价，如改变结算方法、减少折扣；也可对产品搭配提价，如一种产品提价，可与另一种产品降价相配合。

③提价的手法要巧妙。有些产品可通过改变其形状、材质、包装等手法提价，使用户易于接受。有些产品可通过增添附加物或增加服务项目，或赠送礼品等方法提价，使用户感到实惠。

④选择好提价的时机。对产品性能改进的技术性提价，应在用户需求最迫切、反感程度较小的时候提价。如某种仪器经过改进，功能有所提高，用户又急等使用，则可适当提价。对产品成本提高造成的费用性提价，应向用户广泛宣传解释，取得广大用户谅解后提价。

⑤控制提价的次数。产品提价要尽可能一步到位，不宜分步到位。在一定的时间内（如一年），经营者产品提价的次数不宜多于一次，否则，容易遭到广大消费者的抵制。

⑥提价后要进行情况跟踪。产品提价后，经营者的有关部门，如经销部门或财务部门，要对用户进行跟踪调查。调查的内容主要有：第一，用户对产品提价的承受能力。这种能力可称为产品提价的适宜程度。第二，消费需求的转移情况。一种产品提价，往往会使该种产品的相关产品或代用品的销量增加。由此可反映出该产品提价与相关产品或代用品价格之间的关系，从中可分析产品提价的合理性。

⑦提价的回落要慎重。随着经营者外部环境的改变和内部条件改善，产品提

价后，经营者还要适时考虑价格的回落，设法将提高的价格再降下来。要回落价格，就要做好两项工作。

在商业运营的复杂环境中，经营者面临着诸多挑战，但有两个核心策略可以帮助他们在激烈的竞争中脱颖而出，那就是挖潜和慎重。首先，挖潜是经营者不可或缺的手段。这不仅意味着对现有资源的深度开发，更涵盖了对技术革新无止境的追求。劳动生产率的提升是挖潜的关键，它能够显著降低单位产品的生产成本，从而在不降低利润空间的前提下，调整价格策略，使价格回落，吸引更多的消费者。挖潜的同时，经营者也需要保持慎重的态度。在追求效率和利润的过程中，不能忽视市场变化、政策调整以及消费者需求的演变。慎重意味着在决策时要全面考虑可能的风险和影响，以稳健的步伐推动企业前进。

第二节　组建农产品分销渠道

一、分销渠道的含义

分销渠道，即产品销售途径，就是把农产品从经营者手中送到最终消费者手里的完整过程，包括 4 层含义。

（一）分销渠道是完整的产品流通过程

分销渠道的起点是生产经营者，终点是消费者，分销渠道作为产品流通的途径，一端连接经营者，另一端连接消费者。因此，它所组织的是从生产经营者到消费者的完整的产品流通过程，而不是产品流通中的某一阶段。

（二）分销渠道的积极参与者是中间商

分销渠道的积极参与者是产品流通过程中各种类型的中间商。产品从生产领域进入消费领域的整个过程中，要发生多次的买卖行为，以及各种类型中间商的交易活动。因此，它可示意为：生产者—批发商—零售商—消费者，如同接力棒，一个环节接着一个环节。

（三）分销渠道以产品所有权转移为前提

生产商向消费者转移产品，应以产品所有权的转移为前提。如生产商将其产品直接售给消费者或用户，不经过中间商，这是直接转移产品所有权。但在通常情况下，生产商都是经过一系列中间商将其产品转卖给消费者或用户，也就是说，在分销渠道中要多次更替产品所有权，这是间接转移产品所有权。如果流通过程有代理商参与，如生产商—代理商—批发商—零售商—消费者，代理商对产品没有所有权，只是代客买卖，把产品所有权从生产商手中转移到其他中间商手中。

（四）分销渠道是产品实体的空间运动路线

分销渠道是指某种特定产品从生产商转移到消费者所经历的过程，分销渠道不仅反映产品价值形态变化的经济过程，而且也反映产品实体运动的空间路线。

产品的分销渠道构成营销活动效率的基础，要提高营销效率，应该以最低成本完成营销，对分销渠道的基本要求，应该是多渠道，少环节。

二、选择农产品分销渠道应考虑的因素

选择正确的分销渠道，要考虑农产品经营者的主观条件和客观条件等诸多因素，其中，关键的因素是目标市场的状况、产品的特点和经营者本身的资源状况。

（一）消费者的需求

从消费者角度来说，渠道空间的便利性、合理的价格、农产品的新鲜度、安全无污染是他们关心的问题。因此，必须围绕着消费者的需求来规划布局农产品的渠道。

1. 渠道空间便利性

农产品特别是蔬菜、水果等产品，是消费者每天都要消费的生活必需品。消费者对这些农产品的分销渠道的空间便利性提出了很高的要求。因此，采用密集型分销是比较合理的，主要方便消费者就近购买。

2. 产品价格

对于每天都要消费的农产品，消费者对其价格通常比较敏感。因此，如何控制成本是农产品分销渠道需要解决的问题。减少流通环节，可以有效地控制农产品成本，降低农产品价格。

3. 产品新鲜度

消费者普遍对农产品的新鲜度要求比较高。因此，一方面，要最大限度地减少诸多的中间环节，保持农产品的“鲜度”，减少损耗。另一方面，要加强保鲜、冷藏等技术的应用。

4. 产品安全

消费者对农产品的安全也非常重视。因此，一方面要加强保鲜、冷藏等技术的应用，另一方面，可以通过提升终端形象和档次，让消费者消除对产品质量的

疑虑，产生一种信任感。

（二）农产品本身属性

鲜活的农产品在运输、贮存、销售中会发生腐烂、发霉和病虫害，极易造成损失，因此周转要快，要尽量缩短流通环节，渠道越短越好；而比较耐久的农产品，则可以采用比较长的销售渠道。

（三）经营者本身的资源

1. 经营者的规模和声誉

实力很强、市场声誉好的经营者，一般利用少环节或直销渠道，而资金和条件有限的经营者，多数要依靠中间商的力量。

2. 管理能力

管理先进的经营单位，可以直接派出推销人员或自己设立销售网点，使渠道缩短，缺乏销售经验和能力的农产品经营者，则可依赖中间商。

3. 控制渠道的愿望

有些知名品牌，为了维护产品的声誉，控制产品的售价，宁愿花费较高的直接推销费用，采取短渠道销售；有的经营者只求卖出产品，不想控制分销渠道，大多依赖中间商销售。

4. 成本效益

经营者可供选择的分销渠道很多，但在选择过程中，要考虑成本和效益情况，注意选择低成本、效益好的方案，以利于提高其利润水平与竞争能力。

近年来，随着市场的不断发展成熟，一些新型的渠道模式不断形成。例如，农超对接、电子商务、连锁直销等。这些新型渠道模式的出现，可以大幅度提高渠道效率，便于控制渠道成本，是农产品生产者提高市场竞争力的有效手段和必然选择。

三、可供选择的分销渠道

（一）直销

不经过中间环节而把自己生产的产品直接销售给消费者或用户，消费者和用户完成了所有的营销活动。

这是最短、最直接的渠道，由生产商直接控制产品的营销，从而可以迅速地得到顾客的反馈。像电话营销、送货上门、邮购、企业自办商店、展销会、合同销售等都属于这种形式。

直销适用于：①销售量增大或用户众多的情况下。②一些珍贵的、高价的或复杂的产品也采用这种渠道营销。但它有弊端，就是生产商销售工作量增大，而且可能会受限于生产商销售市场面和顾客范围，不利于生产商扩大销售和进一步发展。

（二）单一环节直销型

生产商将产品直接批发给零售商，再由零售商卖给用户，即生产者—零售商—消费者。运用单一环节直销型，比直销型接触的市场面要广。但对生产商来说，要面对许多零售商进行销售业务，工作量仍相当大，而且市场面也有限，不利于生产和销售的进一步发展。

（三）多环节销售型

农户生产的产品经过多层次、多环节销售给用户，一般有几种形式：①生产者—批发商—零售商—消费者。②生产者—代理商—零售商—消费者。③生产者—代理商—批发商—零售商—消费者。

这些形式使生产商市场接触面广泛，企业信息来源广泛，可扩大用户群，增加销售量，但是，由于中间环节多，也可能引起产品的贮运量增大，使产品到达用户之间的周期延长，造成经营费用增加或成本提高，直接影响到产品价格。

四、选择分销渠道

要在经营上取得成功，只有适销对路的产品还不够，还必须有恰当的渠道把产品送到消费者手中。

选择正确的分销渠道，要考虑经营者的主观条件和客观条件等诸多因素，其中，关键的因素是目标市场的状况、产品的特点和企业本身的资源状况。

（一）考虑目标市场因素

①潜在顾客数量。如果潜在顾客的数量相对较少，可以考虑使用推销人员直接推销，相反，一般农产品顾客数目多，就必须考虑使用中间商进行广泛的销售活动。

②市场分布状况。目标市场是集中还是分散，如果比较集中，一般可采用直接销售的方式；如果比较分散，则使用中间商。

③市场容量大小。对于一次性购买数量很大的用户，可直接供货；对于订单较小的用户，可以通过中间商进行销售。

从上述分析可以看出，农产品营销适宜使用中间商，而不适宜直销。

（二）考虑产品因素

1. 价格

价格越高，越宜于选择短渠道模式，因为多一次中间环节，就要加上一定的中间商利润，会影响销路，一些价格较高的产品，最好是用推销员直销。

2. 产品耐久性

易腐产品或式样容易过时的产品，周转要快，渠道越短越好；而比较耐久的产品，则可以采用长渠道销售。

3. 产品技术性质

一般技术性较高的产品，或是售后技术服务非常重要的产品，应尽量缩短渠道。高技术含量的消费品，如通过中间商销售，必须设立服务中心，防止因无力承担服务而影响销售。

4. 产品的体积、重量

体积大、重量也大的产品，宜短渠道销售，以减少流通费用。

（三）考虑宏观因素

这是不可控因素。如我国政府对农产品分配方式有许多规定，对一些关系国计民生的粮食，国家建有国有收贮渠道进行管理，有些产品实行国家专卖，如卷烟、食盐，这些规定必然会影响经营者分销渠道的选择。

五、分销渠道策略

（一）选择分销渠道的基本策略

1. 综合性分销渠道策略

综合性分销渠道策略即运用多种分销渠道综合地推销自己的产品，通过批发商把产品分布到各零售点，销售面十分广泛，竞争性特别强。该策略常用于日常必需品的销售，农产品销售也适宜这种策略。

2. 选择性分销渠道策略

由于某些产品的特殊性，或者经营者能力限制和消费者的偏爱等，选择较为合理的、有效的分销渠道作为自己产品的销售线路。

3. 独家分销渠道策略

在某一特定市场，仅选择一家批发商或零售商专营自己的产品，一般情况下，这些经销或代理商不再经营其他同类产品。①适用于消费品中的选购品，特别是一些名牌优质产品，如特产等。②可使生产者与经销者联系密切，有助于提高产品形象，提高经营利润，有利于控制市场，排斥竞争，还可以节约经营费用。③独家经销容易因推销力量不够而失去市场，风险大。④独家销售不利于开展市场竞争，也不利于消费者选择，应尽可能不采用此方式。

从上述分析可以得出，一般农产品营销不太适用这种分销策略。

以上介绍的 3 种策略，随着情况的变化而变化，有时可采用 1 种或 2 种策略。

（二）选择中间商

多数产品都需要通过分销渠道中的中间商进行销售，这主要是因为中间商具有无法比拟的优点：如中间商有较多的专业销售人员；他们的顾客多，销售机会大；他们有广泛的社会关系和销售网络，更能促进销售。

1. 选择中间商的原则

适宜的中间商可以帮助经营者取得比较好的销售成绩，不适合的中间商不但无法实现销售目标，反而会丧失市场份额，必须本着“宁缺毋滥”的原则选好中间商。

①要注重中间商的信誉。中间商信誉越高，产品销量就越大，因此，应将信誉高的中间商作为自己的选择对象。②看中间商的实力。包括资金、人员素质、业绩增长幅度、过去营业状况、仓贮运能力等。中间商实力越强，销售成功的概率就越高，因此，实力强的中间商是首选。③看中间商的产品销售组合。考察中间商总共经营多少产品，产品特征，这些产品与自己产品的配合程度，以及中间商对自己产品的熟悉程度。④分析预期合作程度。与中间商合作关系处理的好坏，直接影响到产品的销售。中间商是否全力以赴地配合，对于销量的提高与否起决定性作用。

2. 了解中间商的需求

给予中间商尽可能丰厚的利益。通过建立合理的级差价格体系，保证利益在各层次渠道成员间的有序分配，即保证每一层次的中间商都能通过销售产品取得合理的利润。

①与中间商的主要管理层保持密切联系。②深入到中间商中去，了解它们的经营管理工作。③有固定的时间与机制保证双方定期交流。④定期向中间商进行调研沟通，了解其看法与意见。⑤要求中间商自评。⑥对中间商的问题及时给出建议。⑦安排专门营销人员负责各中间商的工作，以保证信息反馈的及时与准确。

（三）选择直销

许多经营者都将直销作为一种有力的营销方式。它不仅可以节省营销成本，而且重要的是这种方式可直接贴近顾客，有利于了解市场，宣传产品，建立良好的信誉，常见的方式有如下几种：

1. 展销

展示销售就是在没有特定销售场所的情况下，临时租用一些场所展示产品，并在现场进行销售活动。可以有多种形式：①一般展销。②召开新产品发布会。③参加由社会机构组织的产品展销会。④组成车队游走销售。⑤运用海报、传单、赠品等方式，吸引顾客到场参观。

2. 邮购

①建立完整的顾客名单与相关资料，了解其需求，并定期或不定期地寄发邮购宣传订单，以维持良好关系。②选择印刷媒体的广告形式，而且印刷必须精美，说明务必清楚，使顾客一目了然地了解产品的特性，以刺激消费者的需求与购买欲。③提供赠品、特价产品，或限量供应等，使消费者觉得现在不买会遗憾，以促使顾客采取行动。④顾客订购后立即处理，使其在最短的时间内收到产品。⑤如通过给顾客寄生日卡、贺年卡等方式，加强与顾客的接触与沟通，强化彼此间的关系。⑥加强售后服务，妥善处理顾客的抱怨与异议。

3. 电话营销

电话营销是利用电话来达到销售产品或服务的一种销售方式。一般有两种类型：一种是专门提供“接听”服务，通过电话专线接受顾客的订货、咨询或抱怨，电话费用由经营者负担；另一种是主动出击,以“外拨电话”的方式与消费者接触，借用关心与诚恳的口气，循序渐进地促销产品。

①做好顾客资料的整理工作，包括顾客的住址、电话、姓名以及购买来往记录等，针对特定对象进行接触。②对电话营销人员进行基本训练，包括基本电话礼貌用语、如何使用电话营销技巧、时机的配合、客户类别分析、商谈要领、产品知识等，使得营销人员在短短的电话交谈中，破解客户的防卫心理，取得对方的信任，完成交易。

4. 媒体营销

媒体营销是通过电视、广播、报纸、杂志等大众媒体，将产品的销售信息传递出去，使消费者利用上门或打电话等方式订购，以完成买卖双方的交易程序。

媒体营销与广告的区别：广告只是宣传产品的功能、形象，让顾客知道产品，而销售则是由批发商或零售商进行。媒体营销的主要目的是告知消费者我们的电话、通信地址，以方便顾客电话订货或直接上门订货。

5. 自动化销售

所谓自动化销售，即是指利用自动销售机，投入特定的交易媒介（如硬币或电脑记录卡等），而完成产品的销售。自助洗衣机、电动游乐器、行李存放保险箱、自动计时停车器等均属此类。应该注意的问题是：①设置的地点以人潮往来频繁的地方为佳。②相关人员应该定期巡回维修机器、补充货品。③留下顾客投诉电话，以便机器出故障时，让消费者有地方诉说，维修人员能立即加以处理。

（四）选择批发商

批发商是指按照批发价格经营批量产品买卖的产品经营者，经销商通过将大批量拆分成小批量，或将小批量组合成大批量的方式，将产品组合成不同的数量，以满足不同消费者的需求。

1. 批发商的营销职能

批发商作为生产商与零售商之间的中间商，从市场营销的角度看其主要功能是：①采购。根据市场需求，预先从生产商手中购入产品，实现集中货源的功能。②销售。批发商的最终目标是销售产品，通过销售为零售商提供货源。③分配。批发商通过大量购买产品，将用户所需分散提供给其他批发商或零售商，解决了制造商不愿小批量销售，零售商无力大量购买和不能向每个制造商购买的问题。批发商通过这种分销活动，便具有在地区、季节、部门、行业、生活与生产消费间平衡分配和合理扩散产品的功能。④运输。批发商在采购、分配、销售活动中，必然会产生产品在空间的转移，因此，批发商要及时、准确、安全、经济地组织运输。⑤贮存。批发商利用贮存来创造时间效应，以使零售商随时可获得小批量现货供应；另外，批发环节的仓储，可调节市场淡季和旺季，起到“水库”作用。⑥资金融通。资金雄厚的批发商可以对零售商实行信用进货，以弥补其资金不足，也可以通过预付款的方式资助生产者，起到资金融通的作用。⑦风险承担。批发商承担了由于产品季节、损耗及其他原因而造成的损失及风险；通过对零售商包退包换产品，承担降价、削价给零售商所造成的损失，从而为零售商提供风险保证。⑧信息服务。批发商利用信息灵通、联系面广和分销渠道多的条件，为零售商和制造商提供宣传、广告、定价、商情等咨询服务。

2. 农产品批发商的两种类型

从事农产品批发业务的批发商一般有两种类型。

①一般批发商，即独立的批发商组织，自己拥有产品所有权，实行独立的经营核算。一般是向生产商或大批发商购进产品，然后卖给商业客户或其他用户，

赚取买卖之间的价格差额。②经纪人和代理商。不拥有产品所有权，他们主要是通过自己的服务，促成买卖双方交易，从中赚取一定数量的佣金。

经纪人。不控制产品，不承担交易风险。他们的业务主要是介绍买卖双方磋商交易，促成双方成交。成交后，由卖方直接向买方送货，委托人要向经纪人支付一定的佣金。

代理商。从事代购或代销业务，但不拥有产品所有权的商业组织，主要形式有厂家代理商、销售代理商、进货代理商、佣金商等。

（五）零售

从一般的小杂货店，到应有尽有的超市，在现代市场经营中，零售商是分销渠道系统中人数最多的组织。它的基本职能是从事零售交易，把市场需求的产品，直接销售给最终消费者。

每一个零售商，不管它位于这一系列的哪个环节，都面临 3 个问题：一是该卖什么，即怎么搭配产品；二是在哪儿卖，即选择零售地点；三是该卖多长时间，即延长营业时间。

1. 该卖什么

每一个零售商，都面临着如何选择搭配产品的挑战，该卖什么在它选择地点和选择所要服务的市场目标之前，这一步就该开始考虑了。随着时间的推移，它可以向分销渠道的上游成员——经销商、批发商、生产商征求意见，也可以通过广告、与消费者交谈或访问其他城市的零售商店来寻找答案。

2. 选择零售地点

对零售商来说，选择地点与选择搭配产品同样重要，甚至更为重要。一般地，零售商选择零售地点，应该考虑这样几个问题：

①看看你是“和谁在一起”。即选择一个这样的地点，它能使你置身于与你在生意上互补且没有竞争对手的经营环境之中。②考虑你所提供的产品或服务的性质。如果你所提供的产品是一些选择性很强的消费品，那么，你应该将购物便利作为优先条件考虑进去。如果你提供的产品是一些价值高的耐用消费品，那么，购物方便并非决定性条件，消费者宁愿多跑路而寻找价格便宜的地方去购买适宜的产品。这时，地点就不是一个非常重要的因素了，而产品质量和售后服务可能更重要。③传统商业区与闹市区。不管你是选择传统商业区，还是选择闹市区，一个基本的原则是购物的舒适和安全。良好的周围环境和社会秩序等是你应该考虑的一个重要问题。④营造一种良好的氛围。氛围是吸引顾客并使之感到满意的

重要因素。它能提高商店的人流量，鼓励购物者在商店逗留更多的时间，并刺激他们的购买欲望。如利用色彩和光线可给人们带来赏心悦目的视觉效果；背景音乐一直被用于营造商店氛围；合适的气味可以促进顾客的购买倾向；外观设计也很重要。

3. 延长营业时间

小城市的零售商经常抱怨白天无生意可做，这是可以理解的：白天大部分人都在上班，所以，白天销售额下降。零售商应该是在顾客想买东西的时候开门，而不是自己想开门的时候开门。

消费者生活方式的变化和经营环境的竞争日趋激烈，零售商必须在顾客想买东西的时候开门营业。那么，怎样延长你的营业时间呢？

①使用应答服务，即当你的商店无人值班时，用录音电话或传真机记录下顾客发来的信息。②白天晚开门，晚上的营业时间就可以适当延长。③做一些产品目录，顾客可以通过电话或邮寄来订货。④周末或非营业时间派雇员值班。⑤雇一些兼职人员晚上工作，当业务量小时，让他们做一些其他工作。

第三节　策划农产品促销计划

一、促销

（一）促销的含义

促销是经营者运用各种手段，向消费者推销产品，以激励消费者购买，促使产品由经营者向消费者转移的一项活动。每一个促销项目应由 3 个要素构成。

1. 奖励

这是经销商在促销活动中为顾客提供的有价值的东西。什么样的奖励由经销商的意志决定，但基本效果应该有：顾客节省金钱，给顾客提供一个免费试用你的出售物品的机会；顾客能够获得赠品，顾客获得某种体验。

2. 发送方法

这是经销者实现奖励的方法，它可以通过售价标签、赠券、打折、产品样品、奖品、竞赛等办法实现促销的目的。

3. 传播途径

这是顾客获得某种产品信息的载体，包括广告、产品包装、直接邮寄、人员推销等。

（二）促销的目的

不论你采用什么样的促销手段，但目的是共同的。

①鼓励顾客尝试你的产品，尤其是与钱无关的手段更会使顾客感到没有风险。

②建立你的知名度。

③获得回报。你虽然无法保证他们会永远成为你的忠诚顾客，但偶尔向顾客表示一下对你生意支持的谢意还是必要的，如一件小礼物是顾客得到认可的好方式。

据此，可以把促进销售概念的内容概括为：对消费者传递产品信息，唤起顾客对产品的需求，以树立产品和经营者的形象。

二、选择促销手段的方法

（一）促销策略依据产品性质不同而异

一般来说，日用消费品如农产品更适宜使用广告宣传。因为消费品市场需求广泛，最有效的促销手段是广告。目前的电视广告中，70% ~ 80% 是消费品的广告。为了吸引中间商，人员推销也是必要的。一些竞争性较强的消费品，促销策略更要周密设计。

（二）促销策略依市场范围不同而异

①市场范围小，产品只在本地市场销售，则应以人员推销或产品陈列为主。

②广泛的大范围市场，如全国市场或国际市场，广告就显得非常重要了。

③中等规模的市场可以一种促销方式为主，兼用其他方式，如一方面进行人员推销，另一方面在适当范围内进行广告宣传。

（三）促销策略依市场类型不同而不同

不同的市场类型，不同的特点，促销方式也不相同。

①消费者市场，顾客多而分散，就主要靠广告、产品陈列、展销等方式去吸引顾客。消费者的类型不同，促销方式也不一样。城市居民偏爱广告，乡村居民则对产品陈列、展销容易接受。企业应针对不同类型的消费者市场，选择对路的促销策略。

②生产者市场是另一类型的市场，专业性强，数量少，通常以人员推销为主。

③潜在顾客的数量也是选择促销手段时需要考虑的重要因素。潜在顾客多，广告就比较有效，反之，人员推销方式就比较合适。如轮椅多以产品展示或柜台广告为主，化妆品则以广告为主。

三、促销策略类型多样

（一）推动策略

使用推动策略，主要是利用人员推销和其他营业推广手段，把产品“推”向市场，使用这一策略，大多是经营者有雄厚的推销人员队伍，或产品声誉较高，或是采购者的目标比较集中。

（二）拉引策略

拉引策略是指利用广告和其他宣传措施，来引起消费者对产品或服务的兴趣。如果这些促销措施奏效，消费者就会自动到商店购买该种产品，也就是说将消费者“拉”到产品这边来。

实行拉引策略，必须将大量促销费用用于广告及其他宣传措施以吸引顾客。使用这一策略，主要是因为产品的销售对象比较广泛，使用人员推销在经济上不合算，或是新产品初上市场，需要扩大知名度。

（三）攻击策略

攻击策略是对竞争者采取主动出击的策略，想别人所未想，注意别人容易忽略的地方。

1. 避实就虚策略

这是避市场饱和之“实”和竞争强手之“实”，主攻产品供需脱节之“虚”，善于利用供需之间的时间差，把自己的产品打入市场的一种促销策略。避实就虚，既要摸清消费者的需求变化规律，又必须注意摸清竞争对手的经营规律，才能做到见“实”就避，乘“虚”而入。

2. 引导销售策略

这是目前国际市场上出现的一种销售策略，它取代了以往消极的“蜘蛛销售策略”，主动出击，积极寻找顾客，介绍产品，发展生意。引导销售策略成功的关键，在于针对不同用户、不同需求和心理，采用不同方式推销产品。在这个过程中，需要有长远眼光，不能只求近利。

（四）形象策略

形象策略也称信誉销售策略，就是千方百计提高自己或者产品在顾客中的形象。经营者不但要在广告宣传中树立起自己的形象，更重要的是研究用户心理，千方百计在用户的心目中树立起良好的产品形象。“经商信为本，诚招天下客”，可以说是至理名言。要靠信誉赢得顾客，需在8个方面竭尽全力。

1. 树立广告信誉

广告要做得适度，名副其实，使用户认为你是实事求是的，是可以信赖的。

2. 树立质量信誉

“质量就是生命”，质量关系到产品的市场份额，关系到市场的兴衰。

3. 树立价格信誉

维护价格信誉，必须做到4点：①力求公平定价。②明码标价。③优质优价。④基本稳定。

4. 树立合同信誉

遵章履约、恪守合同是经营的基本准则。树立合同信誉，严格按合同规定，承担相应责任，才能取信于人。

5. 树立包装信誉

主要注意3点：①包装要安全，能充分起到保护产品的作用。②包装要真实，要表里一致。③要名正言顺，即包装要注明生产或经营单位，包装上的说明不言过其实。

6. 树立计量信誉

经营中要尺足、秤满、量平，做到计量准确，不光经营作风应从严要求，还要防止许多非主观因素影响经营信誉。

7. 树立退换信誉

有的经营者规定“钱货当面看清，出门概不负责”，这不利于长期经营。

有的经营者却坚持“产品出门，负责到底”。两种截然不同的经营作风，自然带来不同的经营效果。允许退换产品是提高产品信誉的重要一招。

8. 树立售后信誉

售后服务是决定消费者是否再次购买，从而影响产品市场份额的关键。消费者购买产品后，产品不能正确使用，就会对该产品丧失安全感，其他人再行购买就会有后顾之忧，以至于影响产品的信誉和销量。

以售后服务取得信誉，主要有以下几项工作：①访问用户，并得到信息反馈。

②提供农产品食用方法技巧等。③对产品使用技术比较复杂的，要帮助用户培训技术力量。

（五）系列销售策略

系列销售策略就是将若干种互有关联的产品配在一起进行销售，这样既扩大了销售，又赢得了用户的心。

（六）文化促销策略——文化搭台，经济唱戏

人类历史发展过程中，形成了许多优秀的传统文化，如饮食文化、婚姻文化、家庭文化、宗教文化等；在继承和改造传统文化的同时，又涌现出了新的现代文化，如电视文化、娱乐文化、自然旅游文化等。

文化促销就是“借推销文化，实推销产品”的策略，将文化与产品有机地结合起来，达到将企业形象及产品推向市场的目的。典型的形式是近几年逐渐兴起的各种文化节，如原阳大米节、新郑大枣节等。但主要有两个问题：一是要有档次，二是要有品位。

（七）感情促销策略——产品无情人有情

感情促销是对“市场没有感情”这一论点的挑战。

感情是人类生活中最为重要但也最为复杂、最难解释的东西，在产品经营中注重人情，是经营者实现经济效益的重要途径。

如情人节玫瑰花的销售量会大增；中秋节月饼等食品的销售量会大增；一些中老年保健品生产企业，利用母亲节、父亲节、重阳节等节日进行宣传，提醒做子女的别忘了去看望操劳一生的年迈双亲，也不失为良策。

四、农产品促销策略的选择

（一）使用价格策略

对于大多数农产品来说，价格竞争是参与市场竞争最有力的竞争手段之一。特别是对于农产品的生产型消费者更是如此，他们的购买量大，很小的价格变动都会引起他们较大的成本波动。经营者在经营自己的产品时，要学会使用价格竞争。如为了刺激消费者大量购买，可以在基本价格的基础上作一定的调整，给消费者一定的好处，促进销售。对于不同的目标市场、产品形式、销售时间、销售地点实行有差别的价格，从而满足不同的市场需求，以扩大销售，提高经营者的经济效益。

（二）选择适宜的推销技巧

扩大销售水平讲究推销技巧，是指经营者在推销自己的产品时要根据消费者心理动态有针对性地采取推销策略。从消费者购买产品的过程来看，大致可以分成4个阶段，在每个阶段要使用不同的推销方法。

1. 寻找产品阶段

消费者出于某种需求，希望寻找某种产品来满足需求。这时，经营者要积极介绍自己的产品，特别应针对消费者需求来介绍产品的特点，引起消费者的购买欲望。

2. 比较阶段

消费者可能要将同类产品做一个比较，其中，主要是比质量、比价格。这时经营者要强调自己产品具有优势的一面，或者给予某种优惠，促成消费者下决心购买。

3. 购买阶段

要满足消费者在购买时的要求，并且要用热情的态度招呼消费者，希望再次购买。

4. 评价阶段

有的消费者购买产品后感觉比较满意，可能再次购买，成为“回头客”。这时经营者一方面要热情接待，另一方面可利用“回头客”的良好评价说服其他消费者购买。

总之，在推销产品过程中，要不断总结经验，提高自己的推销技能，就会产生良好的销售业绩。

（三）迎合消费者的购买心理

面对品种繁多的市场，顾客是否购买某一产品，是由其心理动机决定的。分析顾客的购买心理，对生产经营者发现市场机会，采取相应措施促成交易，有重要意义。顾客的购买心理可分为：①理智型。这类顾客具有一定的产品知识，注重产品性能和质量，讲究物美价廉。②选价型。一是以价格低廉为筛选产品的前提条件，对“优惠价”产品感兴趣；二是对高档、高价产品感兴趣，认为一分钱一分货，要买就买好的。③求新型。这类顾客追求时尚与款式，往往不问价格、质量。④求名型。崇拜名牌产品，对价格高低并不过多考虑。⑤习惯型。顾客对某些厂家、商标的产品熟悉、信任，或因生活习惯等的不同，形成一种使用某种产品的习惯。⑥不定型。不常买东西，对市场情况和产品不熟悉，购买时犹豫不决，反复征求他人意见。

经营者在经营过程中要细心观察,针对不同的购物心理,采取不同的促销策略。

(四)分析消费者购物习惯

购买习惯主要指顾客何时购买、何处购买、如何购买。搞好农产品的营销工作,必须认真分析顾客的购物习惯,做好农产品的促销工作。

1. 顾客何时购买

如每年哪些节假日对哪种产品需求量大?当地企事业单位每月何时发工资?每周中星期几购买人数最多?每天中哪段时间顾客最多?只有对顾客的消费习惯了解清楚,才能最大限度地满足顾客需求,增加农产品的销售数量。

2. 顾客何处购买

包括顾客在何处下决心购买和顾客在何处实际进行购买两个方面的问题。两者可能在同一地方,也可能在不同地方。有些产品经常是在家里做出购买决定,然后再到市场选购。这些产品,应通过电视、广播、报纸、杂志等进行宣传,使消费者对产品的性能、特点、用法、价格、售后服务以及到何处购买等信息详细了解,让其家喻户晓,来影响消费者消费行为,吸引顾客来现场购买。也有一些产品,是顾客在购货现场临时决定购买的,对这类农产品,要搞好产品的包装、陈列及购货现场的宣传,以刺激消费者的购买欲望。

3. 顾客如何购买

购买方便,是顾客的普遍要求。购买方便的范围很广:产品品种、数量、规格多样化,如肉类食品应有鲜货、胶制、卤制等;产品供应在时间上随叫随到;在地点上尽可能就地就近购买;包装易于识别、携带;购买方式多样;付款方式上有分期付款、先购物后付款等。对顾客这些购买方便的需求,经营者应尽力满足,以扩大自己的产品在顾客中的影响力。

(五)搞好售后服务

搞好售后服务,扩大经营者的影响。经营者要扩大自己的影响,必须搞好产品售后服务。①做好准备,以便及时、准确地处理好各种询问和意见。②必须有实效地解决顾客提出来的实际问题,这比笑脸相迎更为重要。③提供给顾客多种可供选择的服务价格和服务合同。④在保证服务质量的前提下,可把某些服务项目转包给有关服务行业厂家。⑤不怕顾客提意见,应把此看成改进自己的产品和服务,搞好生产经营的重要信息来源。

（六）做好广告宣传

做好广告宣传,扩大产品知名度。广告通过各种方式将自己产品的性能、特点、使用方法等广泛地向消费者介绍，引起用户对自己产品的购买欲望。经营者要制定正确的广告计划，选择适当的广告策略，设计适宜的广告，并选择好广告媒体。

第四节　营销组合中的促销策略

一、全面了解农产品

（一）整体农产品的剖析

1. 传统意义上的产品

传统意义上的产品仅指有形的实物。而农产品营销中的产品指的是提供给市场，用于满足人们某种欲望和需要的包括与农产品有关的生产、加工、运输、销售实物、服务、场所、组织、思想、主意等一切有用物。

2. 农产品整体概念

农产品整体概念包含农产品的核心产品、农产品的形式产品和农产品的附加产品 3 个层次。

（1）农产品的核心产品。

这是指消费者购买某种农产品时所追求的效用，是消费者真正要买的东西，因而在产品整体概念中也是最基本的、最主要的部分。消费者购买某种农产品，并不是为了占有或获得农产品本身，而是为了获得能满足某种需要的效用或利益。如消费者购买鸡蛋，并不是为了占有鸡蛋本身，而是为了从鸡蛋中获得蛋白质。购买果品、蔬菜是为了获取维生素。顾客买的是营养而不是产品本身。因此，市场营销人员的根本任务在于向顾客推销农产品的实际效用。

（2）农产品的形式产品。

这是农产品的核心产品实现的形式，即向市场提供的农产品实体的外观。农产品的外观指农产品出现于市场时的形象。它由 5 个标志组成，即质量、特征、形态、商标和包装。农产品的基本效用必须通过某种具体的形式才能得以实现，但形式只有在完善地反映其实质时才是有意义的。如五彩辣椒的出现，打破了人们传统认识上的红、绿辣椒，色彩斑斓，口味纯正，价格高但销售得很好。再如方形冬瓜、樱桃小番茄等都是在产品外观上有所创新，深受消费者的喜爱。

（3）农产品的附加产品。

农产品的附加产品也称延伸产品，指消费者在取得农产品或使用农产品过程中所能获得的形式产品以外的利益，即顾客需要的产品的延伸部分与更广泛的服务。它包括提供产品信贷，免费送货，保证售后服务，农产品知识介绍，种子栽培技术指导等。附加农产品概念来源于对市场需要的深入认识。消费者购买某种农产品，是为了满足某种需要，因而他们购买时希望能得到和满足所需要的与农产品有关的一切服务。

（二）农产品组合

1. 产品组合定义

①产品组合是指企业经营的全部产品的结构，由产品线和产品项目构成。

②产品线是指产品类别中具有密切关系的一组产品。

③产品项目是指某一品牌或产品大类内由尺码、价格、外观及其他属性来区别的具体产品。

④产品组合的宽度、长度、深度和关联性。

2. 运用产品组合策略

①扩大产品组合策略包括拓展产品组合的宽度和增加产品组合的深度。前者是在原产品组合中增加一个或几个产品线，扩大产品经营范围；后者是在原有产品线中增加新的产品项目。当企业现有产品线的销售额和利润额可能下降时，则可在现行产品组合中增加新的产品线，或加强其中有发展潜力的产品线。当企业准备为更多的子市场提供满足多种需求的产品时，则可选择在原有产品线内增加新的产品项目。一般而言，扩大产品组合，可使企业充分地利用人、财、物等资源，分散风险，增强竞争能力。

②缩减产品组合策略。当市场不景气或原料、能源供应紧张时，较长、较宽的产品组合不一定会为企业带来盈利机会，反而带来风险。此时，缩减产品可能使总利润上升。这是因为从产品组合中剔除了那些获利很小甚至亏损的产品线或产品项目，使企业可集中精力发展有活力的产品线或产品项目。

③产品延伸策略。每一个企业的产品都有其特定的市场定位。产品延伸策略指全部或部分地改变企业原有产品的市场定位，具体做法有向下延伸、向上延伸和双向延伸 3 种。

向下延伸。向下延伸指企业在原来生产高档产品的基础上，增加低档产品。

如某花卉企业原来只生产高档花卉，现在根据市场需要又同时生产一些中、低档花卉。企业采取这种策略的主要原因是：第一，企业发现其高档产品的销售增长缓慢，因此，不得不将其产品线向下延伸。第二，企业的高档产品市场竞争激烈，必须用侵入低档产品的方式来反击竞争者。第三，企业当初进入高档产品市场是为了建立其质量形象,然后再向下延伸。第四,企业增加低档产品是为了填补空隙，阻止竞争者的介入。

向上延伸。向上延伸指企业在原来生产低档产品的基础上，增加高档产品。主要原因是：第一，高档产品畅销，销售增长较快，利润率高。第二，企业估计高档产品市场上的竞争者较弱，容易被击败。第三，企业想使自己成为生产种类全面的企业。采取向上延伸的战略也要承担一定的风险，如可能引起生产高档产品的竞争者进入低档产品市场，进行反攻；未来顾客可能不相信企业能生产高档产品；企业的销售代理商和经销商可能没有能力经营高档产品。

双向延伸。双向延伸指原定位于中档产品市场的企业掌握了解市场优势以后，决定向产品大类的上下两个方向延伸：一方面增加高档产品，另一方面增加低档产品，扩大市场阵地。

（三）农产品也有生命周期

在一般情况下，根据农产品销售变化的情况，可以把整个产品生命周期划分为 4 个阶段，即投入期、成长期、成熟期、衰退期。

1. 产品生命周期阶段的划分

①投入期指农产品刚刚进入市场，处于向市场推广介绍的阶段。此时，消费者对农产品还不了解，销售量很低，可能只有少数追求新奇的消费者购买，销售增长率低，一般不超过 10%。为了扩大销售，需要大量的促销费用，对农产品进行宣传推广。在这一阶段，由于技术方面的原因，农产品不能大批量生产，因而平均到每个产品上的成本高，农业企业的销售额增长缓慢，利润少，甚至有可能亏损。如绿色蔬菜的生产和销售，在刚刚进入市场时，由于广大消费者对它还不太了解，绿色意识不够，导致有些企业出现微利，所以应加强宣传。

②成长期指农产品已为市场的消费者所接受，销售量迅速增加的阶段。随着投入期销售取得成功，农产品开始进入成长期。此时，消费者对农产品已经了解并熟悉接受，消费者大量购买，市场逐步扩大。农产品已具备大批量生产的条件，生产成本相对下降，农业企业的销售额迅速增加，增长率超过 10%，利润额也迅速增长。但是，在这一阶段，竞争也随之出现并逐渐激烈。销售和利润的迅速增

长使得有些企业看到有利可图，纷纷进入市场，参与竞争，使同类农产品供给量增加，价格随之下降，企业利润增长速度逐渐减慢，最后达到生命周期利润的最高点。

③成熟期指农产品在市场上已经普及，市场容量基本达到饱和，销售量变动较少的阶段。经过成长期以后，市场需求趋于饱和，潜在的消费者已经很少，农产品销售量增长缓慢甚至有可能停滞或下降，标志着农产品进入了成熟期。在这一阶段，竞争达到白热化，价格战非常激烈，促销费用增加，利润下降。

④衰退期指农产品已过时，新产品或新的代用品出现，销售量迅速下降的阶段。竞争的加剧，导致有些农业企业经营陷入困境，新的农产品或代用品逐渐代替原有的农产品，消费者的消费习惯发生改变，转向消费其他产品，从而使原有的农产品销量迅速下降，利润额迅速减少，标志着农产品已经进入衰退期。

2. 农产品市场生命周期各阶段的策略

（1）投入期的市场营销策略。

在农产品投入期，由于消费者对农产品的陌生，企业必须通过各种手段把农产品投放市场，力争提高本企业农产品的知名度。此时，营销的重点主要集中在促销和价格上。可采取以下 4 种策略：

①快速掠取策略。这是指高价格、高促销费用策略，又称快速撇脂策略。农业企业在制定高价格的同时，开展大规模的促销活动，以求迅速扩大销售量，取得较高的市场占有率。这一策略采用的条件是：大多数潜在消费者根本不了解该产品，已经了解的消费者急于求购，愿出高价；企业面临潜在竞争者的威胁，急需造势，以高价优质树立声誉，建立消费者对自己产品的偏好。如绿色蔬菜、微型番茄等在上市之初大多采用这种策略。

②缓慢掠取策略。这是指高价格、低促销费用策略，又称缓慢撇脂策略。这种策略可使农业企业获取更多的利润。其采用的条件是：农产品的市场规模较小，竞争威胁不大，市场上大多数消费者愿意以高价来支付。

③快速渗透策略。这是指低价格、高促销费用策略。目的是迅速扩大市场、占有最大市场份额。其采用的条件是：该农产品市场容量大；潜在消费者对产品不了解，且对价格十分敏感；潜在竞争比较激烈；农产品单位成本随着生产规模和销售量的扩大而迅速下降。

④缓慢渗透策略。这是指低价格、低促销费用策略。目的是在市场竞争中以廉取胜，稳步前进。其采用的条件是：市场容量大；消费者对价格比较敏感；有相当的潜在竞争者。

（2）成长期的市场营销策略。

农产品进入成长期后，消费者的使用量大量增加，企业的销售量和利润都大幅度增加。但是，竞争也逐渐加剧。此时，企业的重点是继续扩大市场占有率，树立农产品和企业形象。可选择策略有：

①改善农产品品质。如改进农产品质量，增加农产品品种、花色等。提高农产品的竞争能力，满足消费者更广泛的需求，吸引更多的顾客。

②寻求新的细分市场。加强市场调研，运用细分化策略，找到新的尚未满足的细分市场，根据细分市场的需要组织生产，不断开辟新市场。如运用地理细分标准，将南方的荔枝销售到北方市场。

③改变广告宣传的重点。广告促销要从介绍农产品转移到宣传特色、树立新产品形象上来，确立农产品的“知名度”，维系老顾客，吸引新顾客。

④在适当的时机采取降价策略。这样可以激发那些对价格比较敏感的消费者产生购买动机和采取购买行为。

（3）成熟期的市场营销策略。

农产品进入成熟期后，市场容量基本饱和，销售增长率较低。在成熟期后期，销售增长率可能出现负增长。这一阶段，企业重点应放在保持农产品的市场份额上，并努力延长农产品的市场生命周期。企业可采取的策略有：

①市场改良。这种策略不是要改变农产品本身，而是发现农产品的新用途或改变推销方式等，以使农产品销售量得以扩大。采用这种策略可从三个方面考虑：第一，寻找新的细分市场，把产品引入尚未使用过这种农产品的市场，重点是要发现农产品的新用途，应用于其他领域，延长成熟期。第二，寻找能够刺激消费者、增加农产品使用频率的方法。第三，市场重新定位，寻找有潜在需求的新顾客。

②产品改良。即以产品自身的改变来满足消费者不同的需要，吸引有不同需求的消费者。营销中的农产品任何一个层次的调整都可视为农产品再推出。

③市场营销组合改良。即通过对农产品、定价、渠道、促销 4 个市场营销组合因素加以改良，延长农产品的成熟期。如在提高农产品质量、增加农产品花色品种的同时，通过降低价格、购买折扣、补贴运费、延期付款、增加广告宣传、增设分销网点、增加人员推销的规模等，提高企业的竞争力。

（4）衰退期的市场营销策略。

当农产品进入衰退期时，企业既不能一弃了之，也不能恋恋不舍，需要认真的研究分析，决定采用什么策略，在什么时间退出市场。可选择的策略有：

①持续营销策略。就是继续沿用过去的策略，在目标市场、价格、分销渠道、

促销活动等方面保持原状。由于众多的竞争者纷纷退出市场，现有的顾客会集中到少数保持经营的企业，企业通过提高服务质量，发扬经营特色，销售量有时不一定减少。

②集中营销策略。就是企业把能力和资源集中到最有力的细分市场和销售渠道上，缩短经营路线，从中获取利润。

③缩减营销策略。就是精简营销人员，大力降低促销费用，并从忠实于本企业农产品的顾客中获取眼前利润。

④放弃营销策略。就是对于衰退比较迅速的农产品，企业应放弃经营，把农产品完全转移出去或立即停止生产，也可以采取逐步放弃的方式，使其所占有的资源逐步转移到其他产品。如企业原来生产盆花，现可转向生产切花或其他农产品。

二、走农产品品牌化道路

（一）品牌概述

1. 品牌

品牌是一个卖方为了与竞争者的同类产品或者服务相区别，而给自己的产品或者服务所使用的一个名称、术语、符号、设计或以上 4 种的组合。包括品牌名称（品名）、品牌标志（品牌）和商标 3 部分。其内涵有属性、利益、价值、文化、个性、使用者 6 个方面。

2. 品牌的价值

品牌的价值，如果一件商品、一系列商品、一个企业品牌使消费者需求得到满足，那么这件商品、这个系列商品、这个企业的品牌才有价值。各种品牌在市场上的价值是不相同的，品牌价值对购买过程的作用可分为知名度、接受度、偏好度和忠诚度几个层次。品牌在市场上的实力和价值实质上是品牌所具有的资产。它是企业的无形资产和长期资产。

（二）品牌与包装

1. 突出产品形象的包装策略

突出产品形象的包装策略是指在产品包装时通过多种表现方式突出产品是什么、有什么功能、内在成分和结构如何等形象要素。这一策略着重展示产品的直观形象。随着购买过程中自由选择空间的不断增大，新产品不断涌现，厂商很难将所有产品的全部信息都详细地向消费者介绍，通过在包装上再现产品品质、功用、色彩、美感等策略，有助于充分地传达自身信息，给选购者以直观印象，以产品本身的魅力吸引消费者，缩短消费者选择的过程。

2. 突出产品用途和使用方法的包装策略

突出产品用途和使用方法的策略是通过包装的文字、图形及其组合告诉消费者该产品是什么样的产品、有什么特别之处、在哪种场合使用、如何使用最佳、使用后的效果是什么等。

3. 展示企业整体形象的包装策略

企业形象对产品营销具有四两拨千斤的作用，因此，很多企业从经营之初就注重企业形象的展示与美誉度的沉淀。这种包装策略适合文化沉淀比较深厚的企业。有的企业挖掘企业文化较好，并且能与开发的产品有机地融合在一起来宣传，达到了既展示企业文化又介绍产品的目的，给消费者留下了深刻印象，有利于促销。

4. 突出产品特殊要素的包装策略

任何一种商品化的产品都有一定的特殊背景，比如历史、地理环境、人文背景、神话传说或自然景观等。包装设计恰如其分地运用这些特殊要素，能有效地区别于同类产品，同时可使消费者将产品与背景进行有效结合。

三、营销组合中的促销策略的特点与技巧

（一）促销基本知识

1. 农产品促销及其特点

（1）农产品促销。

农产品促销指农业生产经营者运用各种方式方法，传递产品信息，帮助与说服顾客购买本企业或本产地的产品，或使顾客对该品牌产品产生好感和信任，以激发消费者的购买欲望，促进消费者的消费行为，从而有利于扩大农产品的销售等一系列活动。

（2）特点。

①从促销主体看农产品促销活动主要由规模较大的专业户、龙头企业、农产品流通组织或政府来实施。

②从促销的对象来看促销的产品具有产地化、差异化、个性化特征。

③从促销的手段上看农产品促销形式异常丰富，且各具特点。

（3）农产品促销的作用。

农产品促销是指向顾客传递农产品信息，以增加需求和扩大销售，实质是农产品买卖双方的信息沟通。对我国而言，加强农产品的促销，制定适宜的促销策略具有极为重要的现实意义。

①有利于传递各种农产品信息。各种农产品生产者和经营者通过促销手段及时向中间商和消费者提供情报，传递产品信息，减少了供需之间信息不对称的矛盾。从而有效地将消费者与生产者联系起来。

②有助于激发和增强消费者对农产品的需求。通过开展各种形式的促销活动，一方面有助于刺激消费者对农产品的需求，另一方面，在各种促销活动中，消费者更能从不同的角度了解和熟悉农产品，从而增强自身对农产品的满意程度，进而强化消费需求，并有可能带来更多的新增需求。

③有助于突出农产品特点。通过各种促销活动，农产品生产者可以充分显示自身产品的突出特点及性能，以及农产品给终端顾客带来的附加值及满意度，从而有助于坚定顾客的购买信念。

④有助于稳定和扩大农产品销售。通过有效的促销活动，农产品生产者可以得到及时有用的各种信息，适时做出相应对策。此外，通过加强农产品促销，特别是配合农产品品牌化经营，有助于在消费者中形成消费者偏好，增强其品牌信念，从而稳定并扩大农产品销售，巩固农产品的市场地位。

2. 促销方式及其组合

促销主要有广告、人员推销、公共关系、营业推广 4 种形式。将这 4 种形式组合为一个策略系统综合运用的过程称为促销组合。

农产品促销组合是指有计划地把人员推销、广告、公共关系、营业推广等促销组合形式适当配合综合运用，形成一个完整的销售促进系统。在我国现有的农产品促销组合中，除人员推销已经取得初步效果外，其余如广告、公共关系和营业推广都亟待加强。

（1）人员推销。

尽管现阶段我国农产品的人员推销已经取得了初步成效，但相比国外同行，人员推销还存在较大差距。一方面相关部门推销意识较淡薄，另一方面推销员队伍整体素质较低。无论是农业产业化经营组织，还是普通农民，在面对竞争激烈的国内和国际市场时，都必须具备参与竞争的知识体系。因此，应加强推销员队伍建设，尤其是加强农产品推销员的技能训练，使其具备在国际市场上推销农产品所必需的专业技能及综合素质。为提高农产品的国际市场竞争力，各种农业产业化经营组织还应选拔和培养专业的农产品推销谈判人才，配合政府牵头的各种博览会、推广会等，尽快将农产品推向国际市场。

（2）广告。

我国农产品生产和经营机构的整体广告意识仍较淡薄，与欧美等发达农业大国相比更显落后，针对这样的差距，我国农产品在广告促销方面应致力于以下几个方面的工作：

①利用广告加强品牌促销。加入 WTO 后，我国农产品面临着国际市场与国内市场的双重竞争，应对这样的竞争压力，必须强化农产品生产者与经营者的品牌意识与广告意识，在创立农产品品牌的同时扩大品牌知名度和美誉度，这就需要借助适当的品牌广告与之相适应。在农产品国际贸易中，广告所带来的影响和产生的效益更是不可低估。只有通过新颖、有吸引力的广告，在国际互联网或国外媒体上展示，才能让世界了解中国的农产品。

②广告宣传要体现绿色，环保绿色广告是开拓绿色农产品市场的重要手段。通过广告媒体大力宣传绿色农产品的优点，增强人们对绿色农产品的信任，从而有效地刺激消费需求。通过明确广告目标，制定合理的广告预算，选择以电视、互联网、报纸、杂志及户外广告为主的媒体，采取以公益广告为重点的广告形式，以“绿色”为基调，塑造农产品优质品牌，扩大农产品的知名度及美誉度，提升农产品产业化经营组织形象，进而扩大农产品销售，增强其市场竞争能力。

（3）营业推广。

营业推广也称之为销售促进，是企业运用各种短期诱因，鼓励顾客购买企业产品或服务的一种促销方式，形式灵活多样。

近年来，营业推广在促销组合中的作用日益增强。对于农产品来说，营业推广更是促销中的一个重要手段。由于农产品与消费者生活息息相关，因此农产品促销应将重点放在针对消费者的推广上，同时产业化经营组织还可以加大对农产品中间商的促销力度。针对消费者的营业推广可以采取免费赠送、折扣优惠等形式，通过向消费者赠送样品、附赠品、提供折价券，从而达到扩大销售、提高市场占有率的目的。针对农产品中间商的营业推广可以采取经销商竞赛，通过有奖竞赛激发和强化经销商的合作意愿，密切产业化经营组织与经销商的关系，从而达到扩大销售、提高市场占有率的目的。

（4）公共关系。

公共关系往往涉及这样的一些活动：争取对企业有利的宣传报道，协助企业与有关的各界公众建立和保持良好关系，树立和保持良好的“企业形象”，消除和处理对企业不利的谣言、传说和事件等。

由于农业是弱质产业，利益比较低下，资金紧张，农业产业化经营组织一般难以进行广泛的宣传和促销，因此在农产品促销中要充分运用公共关系这一重要手段，从而有效地刺激需求。公共关系是树立企业和产品绿色形象的重要传播途径。为扩大销售，农业产业化经营组织应积极利用政府力量，获得宣传支持，引导顾客消费，扩大有效需求。可依靠政府举办的各种博览会、交易会，借以推广农产品和加强农产品品牌宣传，也可以举行各种主题的公共关系活动，如开新闻发布会、作专题报道、赞助体育赛事、扶助失学儿童、举办慈善活动、举办绿色食品论坛等进行宣传。农业产业化经营组织还可以通过积极参与社会活动，改善与社会各界的关系，树立良好的形象，获得社会各界的关心和支持，以达到宣传促销目的；可以利用报纸、电视、互联网等大众媒体以及其他社会机构，在公众面前树立良好形象，为农产品营销创造有利的外部环境；还可以通过建立主页、参加网上博览会等形式，利用互联网向公众提供农产品信息和服务；也可以在重要会议、公众信息、政府和盈利活动中发布广告赞助页面，以此为平台来扩大信息交流，获得大众形象认同，从而有助于扩大销售。

3. 影响促销组合的主要因素

（1）企业目标市场。

只有占领了市场，一个企业才会有竞争力。成功运用各种促销组合的必然前提就是要研究目标市场的顾客群体的特点和购买行为，要根据顾客群体不同的特点来选择相应的促销组合，以实现促销目标。

（2）企业的促销目标。

企业的促销目标是为企业某个战略目标服务的。在某一阶段促销目标不仅是为了增加企业的销售利润，也可能是为了抢占竞争对手的市场份额、提高产品知名度、延长产品生命周期等。在选择促销组合时，就要根据不同的促销目标，采取不同的促销组合。

4. 制作广告作品

一般步骤：①产生创意；②选择风格；③确定主题；④表达方式。

（1）广告创意策略。

①联想策略。指通过横向思维，把表面上不相干的事物联系起来，传达某一具体的营销观念。比如某有机农产品的广告牌高高地耸立在一交通要道，过往的车辆看到这一产品广告宣传后疾驰而过，突然又返转回来在此牌前徘徊，不忍离去。

②幽默策略。指广告中用可表达情趣的方式来表达自己的思想、感情、见解、态度以及营销观念。如“任劳任怨，只要还有一口气”（轮胎广告）。

③人性策略。指把人类心理上千变万化的感觉加以提炼和概括，结合产品特性、功能和用途，以喜怒哀乐的形式在广告中表现出来，使产品具有一种人情味，从而使消费者在对情感的认同中实现对广告的认同和对产品的好感。比如衡水老白干酒在广告中所运用的父子情、手足情、知己情。

④对比策略。在广告中运用与其他同类产品的对比体现本产品的优势所在。比如某水果饮料的广告运用对比体现它的纯天然产品特性。

⑤威信策略。援引有关专家、教授、学者的证词来证明产品的属性，也可以援引有关荣誉证书、奖项、历史资料等。比如一些农产品在创建品牌时运用各种质量认证，如使用绿色环保证书等进行广告宣传。

⑥明星策略。利用明星的影响力来迎合大众的仿效与追随，以提高产品的影响力。

⑦意境策略。意境策略是一种通过创造生动、富有情感色彩的场景或情境，使观众能沉浸在广告中的技巧。

⑧悬念策略。悬念策略是通过设置未知、矛盾或危机，激发观众的好奇心，驱使他们继续观看广告以寻找答案的一种技巧。

（2）风格选择。

①规则式风格。近乎公式化，介绍产品质量参数、价格水平、规格尺寸、花色品种等自然属性。多用于生产资料和技术服务广告。

②理性感化风格。有诱导式、同情式、设身处地式、幽默式、启发式 5 种方式。

③论证式风格。一般采用一点论、两点论和比较 3 种方法突出焦点。

（3）确定主题。

①根据产品的作用确定主题。是广告主题选择最多、最普遍的做法。

②以消费者的心理确定主题。

③以产品生命周期确定主题。

④以产品的市场定位确定主题。

⑤以企业形象、品牌作为主题。

（二）广告实施策略

1. 广告系列策略

广告系列策略是企业在广告计划期内连续地和有计划地发布有统一设计形式

或内容的系列广告，不断加深广告印象、增强广告效果的手段。

①广告形式系列策略。

②广告主题系列策略。

③广告功效系列策略。

④广告产品系列策略。

2. 广告时间策略

①集中时间广告策略。

②均衡时间广告策略。

③季节时间广告策略。

④节假日时间广告策略。

3. 广告频率策略

①固定频率广告策略。

②变化频率广告策略。

（三）做推销讲技巧

1. 推销中的社交礼仪

商务礼仪是人们在商务活动中，用以维护企业形象或个人形象，对交往对象表示尊重和友好的行为规范。礼仪的核心是尊重。尊重二字是礼仪之本，也是待人接物的根基。推销员在产品推销过程中，与客户沟通，必须注重社交礼仪。

（1）推销员首先应该注重仪容、仪表。

应做到仪容卫生，仪表整齐。着装整体上应该整洁美观、和谐得体，并注意与时间、地点、场合相适宜。

（2）不要忽视仪态礼仪。

仪态指人在社交行为中的姿势、表情和风度。可以说，仪态是一个人精神面貌的外在体现。具体表现在推销员的站立行走，言谈举止。应站有站姿，坐有坐相，表情亲和，谈吐自如，不做禁止的动作。

（3）交际中的礼仪。

应做到称呼得当，握手有序，正确介绍，避免禁忌。另外还应注意呈递名片的礼仪、交谈礼仪、电话礼仪、电梯礼仪等。

2. 人员推销的技巧

（1）巧用推销接近法。

①介绍接近法。指推销员通过自我介绍而接近目标顾客的方法。

②推荐接近法。指推销员通过引荐人的介绍而接近目标顾客的方法。

③赞美接近法。指推销员利用目标顾客喜欢被赞扬的心理来引起顾客的注意而顺利转入正式业务洽谈的方法。

④馈赠接近法。指推销员利用赠送物品来接近顾客的方法。

⑤产品接近法。指推销员直接利用产品来接近顾客的方法。

⑥表演接近法。指推销员利用各种表演活动引起顾客注意从而顺利转入面谈的方法。如产品演示。

⑦利益接近法。指推销员通过某种方式向顾客提示产品给顾客带来的利益和好处，以此引起顾客注意和兴趣的接近方法。

⑧好奇接近法。指推销员提出一个问题或者做某种令顾客好奇的动作，以引起顾客注意和兴趣的接近方法。如课堂模拟。

⑨征求意见接近法。指利用求教或调查等方式，征求顾客意见而接近顾客的方法。

（2）推销洽谈讲准则。

①坚持计划性与灵活性相结合的准则，不仅是一种高效的工作方式，更是一种智慧的生活态度。

②提高洽谈的可信度，赢得顾客的信赖。第一，注意推销员个人仪表与品格。第二，说话要掌握分寸，不说企业的坏话。第三，用事实说话，不轻易许诺，说到做到。第四，不过分热情。第五，不刻意掩饰产品的不足。第六，公平对待竞争者。第七，成为产品的专家。

③让顾客参与推销洽谈。第一，尊重顾客，用诚恳的态度说话，并鼓励顾客发表意见。第二，善于提问。第三，使用推销工具，用演示的方法洽谈。

④注意从情感与理智两个角度说服顾客。从理智的角度来说，需要提供有力的逻辑和事实依据来支持观点。这可能包括产品的具体功能、优势，或者是与竞品的对比分析。然而，仅仅依赖理智的说服往往是不够的。人是情感化的生物，购买决策往往受到情感的影响。因此，需要触动顾客的情感，让他们在心理上与产品产生共鸣。

⑤正确对待竞争。第一，掌握竞争对手的情况。第二，不主动提及竞争对手。

⑥控制推销洽谈的方向。第一，要分清具体情况，适可而止。第二，对一些容易跑题和刻意干扰洽谈方向的顾客要严格控制。第三，一定要合理安排与推销有关的可视工具的使用。第四，运用提问的方法是控制推销洽谈方向最有效的方法。

⑦坚持推销洽谈的针对性。第一，根据不同顾客的类型和个性，采用不同的推销策略。第二，根据不同的业务类型，采用不同的洽谈方式。第三，根据不同的情况，采用不同的说服方法。

（3）推销洽谈用策略。

①提示法。第一，动意提示法。指推销员建议顾客立即采取购买行动的方法。如推销员说："你不想在下个月涨价之前购买吗？"第二，明星提示法。是推销员借助一些有名望的人来说服与动员顾客购买产品的技巧。如推销员说："这种蜜桃是清朝专供皇宫御膳的果品。"第三，积极提示法。即用正面的、肯定的、热情的、赞美的语言说服顾客购买的方法。如"这种冷鲜肉经过12道工序加工，绝对安全，绿色，请放心食用"。第四，消极提示法。此法运用"请将不如激将"的道理说服顾客。如"老先生，您的气色欠佳，赶快来检测一下，不然要出事的"。

②演示法。第一，产品演示法。指利用产品本身有关工具来演示产品特性的洽谈方法。第二，文字图片演示法。指利用文字图片资料来进行推销洽谈的方法。第三，电子演示法。指利用电子设备工具进行推销洽谈的方法。如智能手机、DVD、pad。第四，证明演示法。指推销员利用与产品或者服务有关的证明材料进行推销洽谈的方法。如质量鉴定书、各种荣誉证书、顾客表扬信、产品使用评价、产品市场影响力指标（如销售量、占有率等）、企业曾供货或服务过的客户单位等。

（4）方法得当促成交。

①请求成交法。就是推销员用简单明了的语言，直接要求目标顾客采取购买行动的方法。这种成交法体现了推销成交的一个黄金法则——把握主动性，所以它是最基本的成交方法。

②假定成交法。推销员在假定顾客已经同意购买的基础上，通过讨论一些具体问题而促成交易的方法。比如推销员认准一个顾客有购买意图，就不失时机地问："你打算一次进多少货？"或者"需要我明天下午派人把你订的货送过来吗？"

③选择成交法。推销员为顾客设计出一个有效成交的选择范围，使顾客只能在有效成交范围内进行选择的成交方法。比如，"你觉得第一次进多少箱这种蔬菜比较合适呢，20箱还是25箱？"

④机会成交法。是推销员直接向顾客提示最后成交机会，促使顾客立即实施购买的一种方法。比如"这是我们大棚最后一茬樱桃西红柿了，明天就没这么新鲜的了"。

（四）搞好产品推广，重视企业公关

1. 弄懂公共关系

（1）公共关系定义。

企业运用合理的方法和原则使本企业在公众中树立良好的企业形象，从而与公众共同获得利益的活动。

（2）公共关系的作用特点。

①宣传费用低。

②可信度高。

③传播范围广。

④促销效果好。

（3）建立公共关系的主要方式。

①新闻报道。企业要努力与大众传媒保持良好关系，争取传媒多发布有利于企业自身的新闻报道。必要时应及时召开新闻发布会，邀请有关的新闻单位参加，进行正面广泛宣传。企业自己也可以深度挖掘对企业、产品和人员有利的新闻，精心组织稿件或视听资料，争取大众传媒的关注，达到宣传的目的。

②重要事件。企业要善于发现重要事件的宣传价值，通过店庆、庆典、竞赛、郊游、讨论会、研讨会等重要事件，展示企业风貌，引起社会广泛关注。

③公益活动。企业进行公益活动，有利于展示企业关心社会、回馈社会的社会责任感。在积极参与公益活动，如义务植树、免费咨询等活动的同时，要围绕企业形象的塑造，进行公益赞助活动，如赞助教育、文艺、体育等活动。

④公开出版物。包括年度报告、企业期刊、小册子、文章、视听材料等，去接近和影响消费者。

⑤企业形象。企业可以通过标识、招牌、业务名片、建筑物等一系列企业形象来加强消费者的印象，求得广泛关注。

2. 营业推广工具和方法

（1）营业推广中的5种推广工具。

①示范推广包括陈列、示范、会展等。

②免费推广包括赠品、免费试用品、赠品印花，如积分点券、购物凭证、产品外包装等。

③优惠推广包括折价券、折扣优惠、付费赠送、返款优惠，以及合作广告向中间商提供宣传资料，帮其进行培训等。

④竞赛推广。

⑤组合推广包括俱乐部推广、服务推广、会员制等。

（2）适合农产品的营业推广方式。

①折价销售。在商品原价格的基础上折扣一定的比例，来确定交易的价格。折价销售可以达到多销、快销的目的，许多农产品经常采用这种促销方式，尤其是易腐烂变质的农产品，当新鲜度降低时，更需要适当的折价销售来达到多销、快销的目的。

②固定客户促销。农产品经营者对于固定客户，尤其是消费大户或老客户，从价格上给予优惠，以建立长期的供应关系，有利于农产品的稳定销售。

③展销会促销。农产品参加展销会展示产品，签约订单产品，达到宣传促销商品的目的。

④品尝促销。一些用于吃的农产品，往往通过让消费者免费品尝，或在展销会、订货会上让订货者、购货者品尝，或在农产品展销节、当地文化节、特色产品节等节日宣传时让记者和客户品尝等，来达到促销的目的。如西瓜节、柑橘节、品茶会、葡萄节、大闸蟹节等都在推行这种促销方式。

⑤当场加工促销。好多农产品采用这种前店后场、操作可观可瞻的销售方式，让客户或消费者亲临加工现场，透明操作，让客户或消费者信赖，以利于扩大产品销售。

3. 综合运用营销组合策略

产品策略、价格策略、渠道策略、促销策略 4 个方面的策略组合起来总称为市场营销组合策略。市场营销组合策略的基本思想在于：从制定产品策略入手，同时制定价格、促销及销售渠道策略，组合成策略总体，以便达到以合适的商品、合适的价格、合适的促销方式，把产品送到合适的地点的目的。企业经营的成败，在很大程度上取决于这些组合策略的选择和它们的综合运用效果。

第三章　农产品的品牌营销策略

第一节　个性化农产品品牌结构模式

一、基于品牌个性的中国农产品品牌结构模式

（一）以静态指标为导向塑造单一品牌结构

静态指标指的是在中国传统文化影响下，大多数品牌共有的、不随时间和环境变动而变动的相对静止变量，这些变量存在形式大多是描述性的；动态指标是指个别品牌而非大部分品牌所具有的小众化文化特性，这些特性会因品牌、品类、竞争对手、消费者成熟度的不同而不同，具有明显的动态性，存在形式依然是描述性的。

从品牌个性维度的静态指标来看，“仁”通常和环保、和谐、仁慈、家庭、温馨、经济、忠诚等有关，属于品牌个性中最为稳定的部分，这和中国传统文化的传承有密切的关系，也是最能体现本土特色的品牌个性文化。形成这种品牌个性的前提是运作单一品牌结构模式。只有在单一品牌结构下，品牌名称贯穿到所有产品系列，最终所形成的品牌个性认知嵌入到每个产品中，消费者对品牌个性的认知才能统一。否则，如果试图创立多重品牌个性，以达到增加产品线或品牌延伸的目的，只会使子品牌无条件地稀释背书品牌的个性资源，增加品牌识别成本而无助于品牌资产的增值。因此，此导向下的多品牌结构常常会出现品牌不强、其他均为该类产品的尴尬局面，甚至使公司的所有品牌都经历从问题类产品直接掉入

该类产品的恶性循环。

我国农产品品牌的一大特点是产品地域优势明显，但品牌地域优势并不明显。比如，福建拥有著名的“闽西八大干”，生产八大干的企业不少，却没有一个知名品牌。长白山人参、龙口粉丝、新疆葡萄干、南丰贡橘、海南香蕉等都属于知名的“区域”品牌，这一方面体现的是原产地品牌优势，另一方面是一种地方文化上的品牌意识积淀。企业可以有效地利用这种品牌资源创造品牌个性，进而通过产品专注性定位建立品牌核心竞争力。相反，如果企业试图进行多元化发展，这种“区域”品牌个性就无法完全附着在“企业”所有品牌之上，必将造成品牌意识的流沙式缺损，导致品牌资产负增长。因此，建立单一品牌结构势在必行。

“雅”通常被解释为高雅、浪漫、品位、体面、气派、魅力等，“智”和专业、权威、可信赖、专家、领导者、沉稳、成熟、负责任、严谨、创新、有文化、智敏等有关。既然从建立核心竞争力的角度创造独一无二的品牌个性要求企业必须建立单一品牌结构,那么“雅”和“智”就是告诉我们,应如何建立这种品牌结构。从品牌个性识别的角度看，有感觉识别、味觉识别、听觉识别和嗅觉识别，以此建立独特的品牌个性。在单一品牌结构中，专家型品牌个性或品位型品牌个性都可以通过以下方面实现。

专注。专注于一个领域，专注于一个品牌。单一品牌结构给消费者留下印象最深刻的往往不是一个单纯的品牌名称，而是品牌名称背书下对某领域的专注形象，是一种始终如一的做法与近乎苛刻的追求。

专业。品牌的专注印象自然过渡到专业形象。因为专注，所以专业。企业的研发往往取决于发展方向的界定，单一品牌结构的企业往往会集中一切资源发展核心产品。因此，专注一个领域的品牌在研发、生产、渠道、人才建设等方面必定会投入更多资源，其专业的品牌个性也就顺其自然会形成。目前，在农业农村部发放的 358 个国家地理保护标志产品中大部分属于单一品牌结构的企业或合作社。另外，一个值得关注的问题是，这种专业形象的建立一方面要通过单一品牌结构的设立和专注形象的获得，另一方面也要通过行业权威认证与认可来获得。但对于农产品品牌来说，某些认证几近成为一种概念符号，该符号已经不再体现品牌个性，而是一种共性的象征。加上权威机构发放数量过多，其含金量下降，导致该符号的品牌识别意义不大。

（二）以动态指标为导向塑造多品牌结构

“勇”这一概念蕴含着勇敢无畏、威严庄重、果敢决断、活力四溢、奔放不羁、强健有力、创新独特等多重意蕴，它既映射出中国传统文化的精髓，又鲜明地展现出西方文化的特质。在品牌个性的塑造上，这两个维度都展现出高度的灵活性和动态性。因此，我们有必要在构建品牌结构模式时，借鉴并融入弹性制的理念，以确保品牌的适应性和创新性。也就是说，在不同适用场合品牌应具备不同的品牌个性，当某个品牌家族成员发挥效应的时候，另一个品牌家族成员可能具备相反的品牌个性。从另一个角度讲，也就是品牌驱动力和品牌的活力点可以由多个部分组成，只是发挥作用的机制、时间、效率有所侧重和不同而已，当然，这对于农产品品牌来说难度很高。

“勇”“乐”在品牌个性的五个维度中，更多地体现为一种偏重感性因素的品牌个性塑造；“仁”“智”“雅”更多的是理性个性的塑造。“勇”“乐”所体现的品牌个性是一种高级别的品牌个性，是当企业发展到一定阶段才会具有的个性。假如我们把“仁”“智”“雅”作为企业发展初期必须进行的品牌内涵塑造阶段的话，则“勇”“乐”作为品牌个性的张扬点，属于品牌资产重大转型时期或重要提升阶段要做的品牌塑造。

二、基于品牌社群的农产品品牌运营方式

（一）建立品牌社群组织

关于品牌社群的研究大致可以分为两类：一是关于品牌社群现象的描述性研究，即通过对这种新现象的观察、归纳和提炼来分析品牌社群的概念和特征等，这种研究存在很大的实践滞后性，以归纳式理论研究为主。二是关于品牌社群成因和作用的研究，如品牌社群对培养品牌忠诚的作用等。从企业运营方面看，尽管在具体运营操作上需要遵从这些理论规律，但企业还没有提出一些操作性规范步骤，因此，还需要从品牌社群的特点入手，寻找一些经营管理的操作方法。

由品牌拥有者建立某种社群组织。这种组织在品牌拥有者的倡导和组织下建立，虽然原则上消费者是否加入是有一定的自由度的，但实际上消费者有被强迫的嫌疑。但从组织结构和管理方式上来讲，这种组织有比较稳定和合理的管理人员，可以定期组织社群消费者活动，主动维护社群成员的关系。其特点是稳定、科学性。如全球通 VP 俱乐部经常在社群会员中组织凤凰大讲堂、高尔夫球赛、网球亲子活动等。品牌运营商通过组织此类活动加强社群成员的忠诚度，让社群成员对品牌忠诚的黏性更强。对农产品品牌而言，通常农业合作社即是最早的社群组织，在美国有 CSA（社区支持农业）协会组织，也是基于农户端和用户端连接的品牌社群。

由品牌社群成员自发建立。需要指出的是，品牌社群组织的建立不一定非要品牌拥有者主持。品牌社群组织的建立如果没有公司介入，而是借由少数人对于特定品牌的热情渐渐推动建立起来的，其凝聚力和持久性可能要强于公司层面建立的社群组织。这些推动者的热情可能是基于过去与品牌单独接触的经验、品牌在其日常生活中可能扮演人际互动的催化剂角色的相关经验，甚至是因为该品牌能够带给他一些成就感的经验等因素。因此，虽然从组织管理上看，这种组织有松散型特点，不易管理，但其对品牌社群的忠诚程度和对组织活动的活跃度与参与度都是最高的。由品牌社群成员自发建立社群组织是企业的最优选择，品牌拥有者可以在其中起到推动和引导作用。这种推动也许是表层的，以公司方名义直接参与到组织中，发起某种活动，策划某个事项等；也可以是潜在的，以品牌使用者名义参与组织，在其中活跃气氛，策划和发起某种活动。

（二）从正面建立鼓励互动的长效机制

建立长效鼓励机制的方式可以因品牌、产品、资源的不同而有所差异。首先，可以从硬件方面提供支持。例如，将供应商、代理商、经销商等资源进行整合，把可利用或可开发的支持产品，如使用的硬件设备分层次、分阶段地赠送给社群成员。这种设备或零件必须能为品牌使用者增加心理认知价值和成就感。比如，对于使用苹果电脑产品的人来说，赠送的苹果数据线、U 盘等相关产品让他们觉得很有面子。因为这是配套的附加品，在市面上是买不到的，这种成就感的建立就是一种正面的激励措施。其次，可以从软件方面提供支持。软件的支持包括产品所需软件，如操作系统、应用软件等；也包括售后服务、意见收集等服务措施。品牌社群实际接收到的服务与期望服务之间的落差会影响品牌社群的忠诚黏性。比如，在线品牌社群在线交流的载体主要通过网络，他们通过品牌论坛、个人主页和微博、微信等交流彼此的品牌体验和对品牌的态度。如果品牌运营商能主动采取措施激励社群成员参与，并给予一定程度的物质或精神奖励，将会起到意想不到的效果。

长效机制的机构建立可以通过如下三种方式：第一，品牌运营商。由品牌运营商出资建立固定机构，制定鼓励措施，并提供相应物质、精神鼓励的资金和设备等。第二，品牌运营商引导，消费者自发建立。由品牌运营商倡导，行业协会或消费者筹建管理机构，由该机构制定鼓励措施，品牌运营商和机构联合提供物质、精神鼓励资金和设备等。第三，核心消费群自发筹建。无论管理机构还是活动安排都由社群成员完成，此时，品牌运营商处于一种游离状态，可选择性地参与机构组织的建立，日常活动的组织和维护等。

（三）从反面建立预防和危机管理机制

品牌社群对建立品牌忠诚等品牌运营的促进作用自然不小，然而，正所谓“一阴一阳谓之道”，任何事物都应看到两面。对于社群成员这种非组织化成员的管理难度很大，因此，万一碰到“成员联合诉求”，比如要求降低价格、改良商品、提供更多赠品等情况时如果处理不当就会成为破坏品牌形象的大事件。实际上可能成员的这些要求本就应该列入商品改进的考虑，但当社群成员声势浩大时，他们往往不会给厂商足够的时间进行改进。继而造成供需不平衡时，社群中的反应轻则抱怨声不断，重则产生集体敌视运动，这对品牌造成的负面影响不可小觑。可口可乐改良配方所导致的抵制运动就是一个很好的例子，品牌运营商本来意图升级产品，为消费者提供更优质的服务，没想到却引发了大型的抗议活动。因此，对社群成员活动的评估、管理及危机预防尤为重要。

建立危机预警机制。品牌运营商应设立管理品牌社群危机的常设机构，此机构可单独设立，也可并入企业的公关或广告部门。该机构一方面搜集社群活动信息，这既能为品牌发展提供帮助，又能通过信息分析及早发现错误倾向并加以引导和疏通；另一方面主动参与社群活动，在社群活动中引导其向有利于品牌发展的方向进行。比如，在线网络社群中经常会出现本属于某品牌的讨论区，最后却变成了竞争品牌的讨论区，这种现象最难避免。当然，采取预防措施并不是完全用堵的方式，可以在论坛中加以引导。从讨论的角度、提问题的方式、仪式、传统等各方面都可以将话题引导到对自己品牌有利的地方。

建立通讯员机制。品牌社群成员中往往存在一些“舆论领袖”，他们对产品的功能非常熟悉，甚至了解相关品牌的深度信息。其他成员在遇到产品使用问题时乐于咨询他们，在线上线下活动中热衷于倾听“领袖”们对品牌故事等深度信息的解读。他们同时还是众多社群活动的组织者和忠实参与者。最为关键的是他们对社群成员的动向、社群信息的了解程度都高于企业方。因此，企业可以将他们发展为社群组织的“通讯员”，通过建立与这些通讯员信息互动的有效管道，更迅速、更便捷地了解品牌社群的动向。此外，还可以把某些企业主导的社群活动通过这些通讯员传达给社群成员，这将比企业方直接出面引导社群活动更具说服力。

品牌社群的建立与维护最终就是要建立“交互”。为此，品牌拥有者需从制度、管理机构、软件、硬件、传统或仪式等方面建立品牌社群，且应放弃仅从企业、核心消费者两个角度思考问题的方式，要更多地关注与品牌或核心消费者相关的其他利益相关方。

第二节　农产品品牌运营和营销模式

一、农产品品牌的运营分析

（一）选品与定位

就农产品品牌而言，其种类较为丰富，可以分为初级农产品、初加工农产品、深加工农产品甚至还包括农机具、农药等周边农产品品牌，因此，选品本身就是一个品牌能否成功的起点。在此我们主要针对的是初级农产品或加工型农产品，在品牌建设过程中应坚持以下几个原则：

第一，注重一定的区域价值（即原产地效应），并减少同质化选品。例如，由于茅台酱香酒的影响，贵州茅台镇形成较强的区域价值背书，即原产地效应较为明显，在此基础上，如果选择在此地生产类似的产品，相对更加容易成功。原产地效应一方面能为个体品牌提供背书效应，但也有可能成为品牌进一步发展的桎梏。区域农产品品牌的发展离不开当地政府的介入和支持，政府往往从资金投入、政策扶持、区域品牌定位、商业活动、信息传播等各方面给予产业或品牌扶持。

第二，定位清晰可见，定位形象最好可触摸。在这一点上，日本、美国、法国的农业给了我们很好的榜样。日本的标准化、美国的规模化、法国的精致化的定位形象已经深入到世界各国消费者的心中。如，日本农产品生产销售过程中，对产品的大小、粗细、形状都有明确规定，因此，销售过程中能够做到不称斤、按数量卖，这也是标准化的体现之一。举例而言，为强化标准化这一定位形象，其在葱的种植中，从品种选育、生长都制定了一套规范，以促进标准化生产和收割，最终在销售时要求每棵葱从长短、粗细、颜色都统一，而且这种标准化平均每 5 年更新一次。从产品生产、选品过程中的标准化运作，到口感、卖相等无不强化“标准化”这一定位形象，长期以来全球消费者都建立起对日本产品的这种标准化认知形象。

（二）包装

在农产品品牌差异化竞争中，包装是最重要的策略之一。我国消费者已经基本完成从满足基本的吃饱需求到吃好需求，再到对“高颜值”文化产品需求的消费升级的过渡。消费者在消费农产品过程中逐渐转向为“文化产品”的消费方式，而将农产品品牌塑造成以 P 营销方式为代表的文化产品的重要渠道和方式就是包装策略。纵观全球农产品品牌具有相对优势的国家和地区，无不重视品牌的包装。近年来，农产品品牌包装发展趋势有以下几点：第一，包装规格向小尺寸、小容量、低剂量等便携式方向发展。当然，根据产品形态和属性不同，不排除也有大包装的方式，但总体趋势在向小型化发展。例如，即食性产品由原大包装（150 ~ 500 克）向轻型化（10 ~ 30 克）等类型转变。第二,包装材料向环保、绿色方向转变。如，不少食品包装正在转向采用可回收利用的牛皮纸等纸质材料，而非不易降解的塑料材质等，这有利于体现品牌理念和树立良好的品牌形象。第三，设计趋向于极简或更具文化内涵等多种风格。

其一，实用设计为主的理念。将产品与包装高度融合，充分考虑产品使用过程中的方便性、便携性、环保性等特点，在包装的结构方面做改进，从使用场景、包装结构、二次利用等各方面提升包装的造型美、外观美、使用美，力求达到包装结构、包装功能、包装设计、使用者心理接受等各方面的融合，帮助产品增加销售。

其二，艺术设计为主的理念。精美的视觉传达会给消费者带来购物欲望，会让消费者产生良好的品牌形象认知，也会丰富品牌内涵和品牌联想。在设计上可以充分考虑采用最新的设计理念，针对产品或品牌的目标群体发挥想象力，进行有针对性的包装设计。在传达信息方面，应考虑产品信息、品牌信息、P 信息以及其他基本信息。如台湾知名的掌生谷粒等农产品品牌在包装设计上体现了较高水准。

其三，突出文化创意的理念。将品牌包装融入文化因素，以文化属性确立包装风格，提升价值，继而提高品牌价值。对于农产品粗加工产品来说，消费者更加重视食材的好坏、生长环境、是否有农药残留等产品相关因素，因此，在包装中如果能体现类似信息可以给消费者以食品安全方面的心理背书。同时，为勾起消费者对于家乡记忆、文化认同等方面的回忆，通常包装在用料、设计风格上会体现相应的信息。

产品包装设计还应遵循以下几点原则：

其一，结合农产品功能、特色属性进行设计。产品的大小、规格、食用方式、文化理念、传统制作工艺、故事性等各个方面都将影响到包装设计思路，一般而言，包装的规格、尺寸、密封方式等方面均应该首先从产品本身的物理性能考虑，然后再结合特色设计出有区别度的包装作品。

其二，强调区域公共品牌或个体品牌的文化价值。一个没有文化价值的包装无法形成深度区分，也无法形成与同类产品的识别壁垒。可以说，没有文化属性的包装是苍白无力的，没有文化属性的农产品品牌是没有市场竞争力的。如前所述，文化价值可以从产品种植工艺、自然环境、加工工艺、历史传说等各种角度界定。如，武夷山岩茶中有北斗、水金龟、半天妖等不同称谓的纯种茶，在众多品牌的包装中大家不约而同地使用了武夷山最具识别度的大王峰做主体画面，这其实利用的就是区域公共品牌的设计元素，这种文化属性与岩茶息息相关，因此，对包装价值的提升是有帮助的。

二、农产品品牌的营销模式

（一）会员制模式

近年来中国经济水平的提升有目共睹，尤其是对于北京、上海、广州等一线城市的消费者来说，他们中的很多人都已经达到了较高的消费水平。因此，消费者对农产品的需求已经不仅仅是满足基本生活保障，而是要吃到绿色、环保、高品质的产品。于是，从一线城市开始蔓延，部分企业开始采用会员制方式管理和运营品牌。当然，这种营销模式并不是农产品品牌领域的独创，也不是我国的独创。早在 20 世纪 70 年代,欧美等发达国家就开始尝试 CSA(社区支持农业)模式，提供符合高端消费人群需求的定制化产品，这就是早期的农产品会员制营销方式。该模式的运营方式为：有类似产品需求或兴趣爱好相似的消费者结成消费者联盟，然后找到农业生产者，定制一定时期内的农产品。在此期间，会员组织会帮助生产者提供相关信息，生产者与消费者之间形成良好互动，达到双方利益的最大化。而在非农产品行业领域中，也早就出现了会员制营销模式。

在会员制模式中实际上也有人再次将其细分为订单制、配送制。订单制是会员制的一种高端版本，这种订单面对的客户群体可能是企业会员，也可能是个体家庭或个人会员。农产品生产商通过与相应的会员签订订单协议的方式提供农产品。如，水果生产基地与榨汁生产商签订订单协议，或者蔬菜、肉禽类生产商与某会员组织签订订单协议，提供一定数量规模、一定时间内的定制化农产品。当然，这种相对较为紧密的合作关系也存在一定问题，例如，当市场竞争加剧的时候，产品价格不能维持其订单协议中的稳定性，产品供给减少的时候，供给方意图加价来维护其成本提升，而当市场供给量变大的时候，合同中的甲方意图压价以减少其成本支出，双方都存在可能违约的问题，违约一旦发生，供需双方都要承担较大风险。这类模式并非简单地依靠零售赚取利润，而是通过企业会员、家庭会员的月卡、季卡和年卡盈利，是一种提前消费方式，通常企业可以在短时间内融到相当不错的初期会员款项，有利于企业扩大生产规模。这种模式的典型代表企业有多利农业发展有限公司、上海壹亩田实业有限公司 / 人人一亩田有机农庄等。

（二）电子商务

第一种：B2C 模式。即农产品企业通过贩售不同来源的农产品，如与农产品生产基地签订生产供应合同，然后通过电子商务的方式在网络上销售，一般来说，这类企业注册为电子商务公司的居多，其品牌本身不种植、不饲养产品，仅仅作为销售平台存在。

第二种：自有农场 +B2C。这种农产品品牌的企业拥有一定的生产基地，种植瓜果蔬菜，饲养家禽，养殖水产品等，然后自建 B2C 网站，将自己生产的产品和补强采购的产品卖给消费者，但自有农场产品仅仅能够满足一部分消费者群体的需求。由于农产品品类繁多，产业链比较复杂，上游涉及种植、养殖、饲养等环节，下游涉及冷藏、冷链物流等环节，整个过程环节多，资金投入大，单凭自有农场很难满足所有消费者的需求，因此，平台会同时利用 B2C 模式进行采购和销售。

（三）专卖模式

这种模式类似于其他商业品牌中的专卖模式，是农产品品牌商品的专卖模式，通常包含两种方式：一种是某一品牌、某一品类产品的专卖，另一种是以县或镇为单位的某地农产品专卖。这两种经营模式有利于将区域公共品牌的优势或个体品牌价值的优势发挥出来，而通常专卖店的渠道既可以作为销售窗口，也可以作为宣传展示窗口。企业或地区可以通过这个前沿窗口打通相应城市的销售渠道，建立与客户的直接联系。在盈利方式上，除了赚取销售利润外，还可以通过专卖授权等方式发展品牌加盟店，通过收取加盟费等方式增加利润渠道来源。当然，除了使用店面等传统渠道方式外，其他的大宗产品如米、水果、肉禽类等在大规模销售方面也可以实行专卖方式运营。

第三节　农产品品牌营销与传播

一、农产品品牌的线上营销与传播

一般商业品牌的线上营销似乎已经成为营销模式中最重要的一环，就全球新媒体发展来看，社交媒体已成为消费者最广泛接受的媒体形式。商业品牌无不绞尽脑汁地开发与社交媒体相关的营销活动，迎合消费者使用工具的特性开展营销传播活动。消费者通过手机获取信息、社交沟通与交流、学习与工作、购物等网络消费行为已然成为常态。作为农产品品牌，更不能忽略这一营销传播发展趋势，能否有效利用相关渠道进行营销与传播在某种程度上决定了品牌发展的未来。农产品品牌管理一方面需要通过线上渠道让消费者获取到企业、产品、品牌信息，以更加精准的方式将这些信息投送到目标群体面前，另一方面应开发不同内容和形式的营销传播工具、手段，充分利用移动终端尤其是社交媒体进行网络推广。下面简单介绍几种可行的线上营销传播方法。

（一）讲好故事、找对话题、匹配好时机

农产品线上营销无论采用何种策略都离不开品牌建设的一般模式。品牌管理包含 5 个部分：品牌知名度、感知质量、品牌联想度、品牌忠诚和其他品牌专有资产。实践操作中，企业通常会通过描述品牌历史和品牌故事等形式来打造品牌知名度和品牌联想度。因此，讲故事是品牌建设的一般做法，并不是农产品营销独创的建设思路。不同的是，在农产品品牌建设中，这种品牌故事通常是和农产品的一些独特属性相关的。

找对话题、找准时机很重要。可以通过借势或造势的方式找话题，同时话题内容本身需具有传播价值。借势是指借助媒体传播热点、特殊事件、特殊时节等内容，通过蹭热点的方式，有机结合产品或品牌内涵进行广告与营销活动。其特点是成本低廉、关注度高、效果较普通广告或宣传好。但借势过程中必须将产品品牌内涵与热点内涵有机结合起来才能产生良好的传播效果，否则会让消费者产生硬蹭热点的感觉，反而对品牌形象产生不良影响。造势是指结合产品或品牌信息通过设计、策划具有新闻价值的热点事件进行的广告与营销活动。其特点是成本较高、传播效果具有不稳定性、一旦造势成功传播价值较高等。两种方式各有

优劣，企业应根据产品特点与特定事件、时间之间的关联关系寻求最适合的传播方式。然后，话题、故事、时机必须与目标群体相匹配，做好互动设计。一方面，从产品出发，寻找产品与事件或故事的最佳结合点，从故事的形式和内容两方面考虑编排一个好的故事。另一方面，故事细节或某一特征应符合新媒体传播特性，故事内涵与选择的传播媒介与消费者之间具有较强的互动性，这样才有利于在消费者中形成传播力，达成做大传播效果。

（二）做好社群

1. 找对人、做对事

品牌社群也好，其他社群组织也好，通常都是具有共同价值观、共同爱好、共同需求的人聚合的平台，在这个平台中社群成员愿意相互交流，形成相对紧密的团体组织。他们会在思想观念、消费行为等方面对彼此产生影响，这种社群组织相对其他松散型或临时型组织较为稳定。因此，农产品营销过程中，首先要找对人，找对群，并且在社群中要利用不同形式的活动、互动与社群成员交流、互动、分享。社群的特点之一就是其专业化或专门化，因此，农产品营销主体应将质量上乘的产品带进去，将为该社群量身打造的产品或品牌介绍进去，而不能直接用“大路货”敷衍了事，让社群中的消费者在互动过程中享受到产品或品牌带来的乐趣或收益。于是，互联网营销中常提到的“内容营销”提上了日程。例如，对于生鲜农产品来说，部分操作 CSA 模式的“农场主”只是简单地通过建立微信群方式，让不同消费者聚集在一起，不定期发布新产品信息或从别处拷贝来的一些营养知识讲座、烹饪视频等，这样的社群内容营销显然不够，无法引起社群成员的共鸣和认同。成熟的做法是在形成社群后，应由专门人员通过分析群内成员的朋友圈，将各个成员根据性格特点、产品或品牌偏好、职业、年龄、收入等进行分类，然后制定社群营销规划。可以从专业文章的撰写、产品推介形式、图片、音视频等方面进行有计划的输出,保证内容送达社群成员手中。传播内容需要“干货”，有目的有意识地开发相关内容，为每个成员定制不同内容，例如，有的成员也许喜欢烹饪视频，有的成员习惯阅读图片信息，有的成员更乐意接受图文并茂的产品介绍，营销人员在发布信息的时候就应该较为精准地找到相应的成员，这样的内容才会产生较高的用户黏性，转化率也才会得到提升。尤其需要注意的是，在品牌促销过程中，不能盲目以价格作为刺激元素，某些社群组织或社群成员更愿意接受较高性价比或较高品质的产品，因此，价格不一定能够成为农产品销售利器，在社群营销中应斟酌使用。

2. 用好社群工具

依靠技术帮助维护社群稳定性和活跃度。用好社群工具，一方面是通过网络工具抓取精准用户，另一方面是通过工具做好与社群成员之间的互动工作。抓取精准用户方面，比较常用的平台有以下几类：社交平台的主体产品和附属品，如微信群、朋友圈、QQ 群、知乎、QQ 部落、B 站等；各媒体平台，如微信或微博、认证号、头条号、搜狐号、大鱼号、抖音号、豆瓣号等；视频平台，如优酷、爱奇艺、腾讯视频等；直播平台，如抖音、斗鱼等；电商平台，如淘宝、京东、当当等；兴趣类平台，如大众点评等；品牌型平台，如各种不同品牌的车友会等；知识型平台，如逻辑思维、喜马拉雅、蜻蜓等。要利用技术优势，在这些平台上搜索下载用户信息或者用适当的方式将平台上的目标群体或潜在用户聚合起来。第一步工作做好后，就需要建立互动机制。此时，一定要注意，从营销的第一天起就要注意互动内容的品质，保护好品牌的羽毛，尽量保证发出的每一张图、每一句话、每一个促销信息都是高品质的信息。技术层面上，互动过程要懂得使用程序化购买的方式发布广告信息，做到千人千面，精准营销。同时，利用微博易、KOL 等工具和方式建立与客户之间的互动，做到对广告、宣传效果的日日监测、月月分析，及时反馈和修正信息发布质量。

3. 从产品质量出发

结合农产品特性，制作有传播力的信息内容，做专业的农产品运营商和专业的农产品文化传播者。首先，务必将自己的品牌定位为农产品的专业化运营商，并安排专业化运营人员组织发布信息。社群成员往往存在众多舆论领袖或专业化水平较高的消费者，他们可能是产品、品类、技术、美食等方面的专业达人，也有可能他们本身就是艺术家或科研人员，他们的意见会极大地影响周边消费者的购买决策，因此，不能忽视我们发布的任何一条信息的专业化程度。安排的新媒体运营人员要潜心研究本品牌的产品特性，要熟知行业领域的发展状况和竞争对手情况，能够熟练掌握行业动态和未来发展趋势，也需具备足够强大的学习能力，能随时回答消费者提出的问题。可能需要他们学习生鲜、有机食品、美食烹饪、健康营养、产品文化方面的专业知识，也可能需要他们学习更宽泛的行业周边知识。其次，注意信息发布的艺术性。应对即将发布的产品信息、文案、图片、视频作事前分析，从摄影技术、平面构图、文字雕琢、视频特效等角度力图做到专业级表现形式，在传递产品信息或品牌内容的同时，让消费者产生购买欲望，提升转化率。最后，在管理模式上，应做到尽量分工精细，岗位职责分工清晰，一旦在社群中有消费者咨询购买、合作事宜，运营人员应尽快将信息转移到相应部门，而不是一个人包揽，给消费者或合作者以不专业的感受。例如：做好社群运营人员与采购人员的网络通达工作，社群中转化的采购信息，由运营人员以最快捷方便的方式转移给采购人员；做好社群运营人员与渠道管理人员的网络通达工作，社群中转化的合作信息，由运营人员一键转移到渠道人员手中，渠道人员应做好分销合作、代理合作、众筹等工作。

4. 做好社群的场景化营销

场景化营销是移动互联网营销的成熟模式，企业通过营造闭环条件下的消费场景，让消费者主动参与销售环节，并愿意支付更高的价格采购企业产品。农产品因其产品的可触摸性、消费习惯相对固定性等特点，其场景化消费的趋势较明显。按照线下传统消费行为模式，通常消费者在购买农产品过程中习惯于自己挑选、比对质量、比照价格等，最终才选择购买。如果农产品品牌采取线上销售模式，一方面可以借助原产地品牌效应在消费者不接触产品的前提下直接促成消费转化，另一方面需要营造线上销售场景，让消费者产生对产品和品牌的积极评价，从而促成消费转化。在某些社群中，消费者并不会把价格作为选择商品的首要标准，如车友会等社群组织，农产品品牌可以通过营造高端品牌、绿色产品、社会价值和认知价值高等特点，吸引首批社群成员购买。接下来，运营商需注意将种子用户和裂变用户进行分类，采取不同方法运营与管理。通常在社群中，种子用户是那些愿意尝试新鲜事物的人，当他们选择产品后，一定要在推送信息、产品送达、服务等方面建立专门机制，将种子用户的流失率降到最低，营造口碑效应。同时，通过与种子用户的互动，带动整个社群的活跃度和流量，然后通过服务赋能，将现有的存量达到裂变，获得更多增量。当然，还可通过识别种子用户中的 B 端客户，精准营销，通过合作等方式建立更多社群组织，达到裂变效果。

（三）运用好最新形态的新媒体工具

社会进入移动互联网时代，传统媒体在逐渐失去昔日的霸主地位，报纸、广播、电视等媒体的收入逐步下滑。在传统媒体占绝对主流的时代，传统媒体是传播的发起者，任何其他组织和个人都处在传播过程的末端，只能被动接受信息，而此时的大部分品牌商会根据传统媒体的报价被动选择，完成媒介传播。这一方面是由于传统媒体在当时的传播地位中具有独占性，另一方面受众获取信息的渠道大多集中于少数几个全国性媒体，人群相对比较集中，品牌无法精准获取客户或精准传播信息。然而，随着网络媒体，尤其是移动互联网媒体渠道占据主导地位，传播形态发生很大改变，任何人都可以成为传播主体或传播者，信息传播变得越来越容易，传统媒体的媒介统治地位发生了逆转。但由于新媒体发展倒逼传统媒体在经营方式、传播模式等方面做出了改进，媒介融合已经成为媒介发展不可逆转的趋势。因此，必须学会综合使用传统媒体和新媒体形式，尤其要善于利用新媒体工具对自己的产品进行多种媒介形式的传播。

1. 综合利用视频与直播工具

随着 5G 技术的试用与普及，以及物联网、云计算、移动互联网的发展，消费者使用移动终端收看视频的习惯也已形成，各个商业品牌也都在不断开发视频传播形式。农产品品牌在展示农业生产等领域中也开始逐步尝试使用视频方式进行销售与传播。视频或直播具有现实性、直观性等特点，能较为直观地把品牌需要呈现的信息快速传递出去。消费者对农产品或相关产品的生产过程也有较为强烈的获取欲望，于是，各种形式的农产品“视频直播”应运而生。目前较为常见的形式有种养殖直播，互动直播，农产品知识、健康教育讲座等。视频或直播转化方式多种多样。

2. 策划新媒体传播活动

新媒体传播活动，是基于新媒体平台策划、设计、执行的营销传播活动。首先要明确什么是新媒体，新媒体是一个相对的概念。户外广告长期以来一直被认为是传统媒体，但若户外广告结合了大数据分析、实时互动等新颖的形式，那该媒体就变成了新媒体。策划新媒体传播活动应综合考虑各种媒体形式，但在策划过程中应将媒体、内容、产品、设计等因素进行综合考虑，从产品与媒介结合的角度策划传播营销活动。新媒体传播活动通常周期较短，利用一个主题打造一个爆点，尽量在不同新媒体上形成立体传播，获取最大传播效果，利用短时间超高点击、评论、转发形成活动到流量再到销量的转化。当然，新媒体营销活动有一个重要的特点是，传播热点周期较短，通常来说，热点周期在几天到几个月不等，但平均下来一般 7 ~ 15 天，因此，传播人员应时刻盯紧后台反馈信息，一旦发现热点或爆点出现，就要马上集中力量推动该活动再次上升一个点击量级，并立刻形成转化。营销手段可以参照一般营销经常使用的病毒营销、口碑营销、饥饿营销等，传播媒体应综合考虑传统媒体创新和新媒体形态的结合。

3. 建设新媒体矩阵

新媒体平台属性决定了用户种类和用户黏性的不同，关于新媒体形式已有部分介绍，在此不做赘述。但应该明确的是新媒体平台的受众存在年龄、兴趣爱好、消费行为、消费心理等各方面的差异，农产品企业在使用新媒体平台进行信息传播和营销发布的时候，为了便于对用户的管理、内容营销的管理、媒介的管理，一般都会选择建立自己的新媒体矩阵，能够做到千人千面、一键直发、共同管理等。新媒体还可采用知识新闻类、财经类、付费类、门户类、垂直类、八卦类、论坛类等各种媒体形式。为了将企业信息一键直达所有媒体平台，并保证在不同平台发出统一的声音，农产品企业应结合自身实力及相关资源，进行新媒体平台渠道的全面规划部署，基于粉丝关系、平台属性、用户习惯与品牌运营需求，进行新媒体分层、分级及整合管理，形成一个合理有序的新媒体矩阵，从而拓展品牌传播渠道、营销发展空间以及目标客户。新媒体矩阵的建立可以帮助农产品品牌熟悉不同新媒体传播操作方法、时刻关注新媒体热点事件、协助品牌与产品进行热点事件的跟踪、帮助完成不同平台之间的互相转换与流量变现。最终，能够帮助农产品品牌解决农产品经营难、成本高等问题。

二、农产品品牌的线下营销与传播

无论是线上还是线下营销，从品牌结构角度来看，农产品品牌建设要遵循如下营销原则：

品牌分化比品牌进化更重要。品牌分化指的是品牌在建设过程中通过使用不同品牌名称创造新的品牌类别，从而成为细分品类的首创者。品牌分化的优势在于通过创造新品类进入蓝海，避免已有品类的红海竞争，容易发展为品类领导者，在占领消费者心智方面起到“刻板印象”的作用，竞争优势地位一旦确立起来，很难被改变。如，可口可乐开创可乐品类，被认为是正宗的可乐。品牌进化指的是某品牌在原已涉足的产品领域，通过技术革新等方式开拓同品类中的细分产品或其他市场已有品类的新品牌的过程。品牌进化不涉及开创新品类，因此，与品牌分化比较起来，其在占领市场的快速性、占领消费者心智的持久性等方面存在较大劣势。但在成本投入方面较品牌分化可能会更少，失败率可能更低。因此，品牌分化与品牌进化各有优劣。但对于农产品品牌来说，通过品牌定位等方式进行品牌分化是占领品牌竞争优势地位的不二之选。如鲁花抢占了花生油品类，六个核桃抢占了核桃露品类，二者均建立起品类壁垒，其他后进入品牌无法在短时间内对其形成挑战。

抢占区域性公共品牌资源，确立单个品牌与区域公共品牌之间的强关联关系。在农产品领域，区域公共品牌通常基于地域优势或自然资源优势，属于公共属性资源，除特殊规定外，企业品牌均可以使用。关于区域公共品牌与个体品牌之间的关系前面已有所论述，农产品品牌需要做的是学会如何利用公共品牌资源。一方面，可以获得区域公共品牌的认可或认证，通过申请地理保护标志、原产地标志等明确性符号获得消费者认可。产品包装设计中可以将本区域标志性识别符号、语言、文字等作为包装中的重要信息巧妙植入，消费者在理解过程中自然会产生区域公共品牌识别的同步识别。

确立品牌个性，提升品牌价值。品牌个性指的是将人格特征赋予品牌，使品牌具有某种消费者容易识别的个性特征。品牌个性的核心是品牌表现出来的价值观、外观、行为、声音等人格化特征。品牌个性建设的关键点有三个方面：其一是“感觉”，品牌的感觉来自品牌个性所散发出的核心吸引力，是消费者认同品牌的最重要缘由。综合性的品牌感受是创造品牌忠诚的有效动力和建立品牌持续盈利能力的关键。其二是“味道”，品牌的味道是彰显品牌个性吸引力的另外一种独特形式，是指通过某种味觉或嗅觉的特殊识别，建立消费者对某公司品牌或某产品品牌的独特味道认识，从而增强品牌联想，建立品牌个性。其三是“固执”，坚持、固执，作为人性化特别突出的性格特点，被成功地应用于众多知名品牌的品牌个性上。具体表现出的这种品牌个性可能是精益求精、偏执、追求完美、消费者固执般的偏爱等等。

（一）类 O2O 模式

农产品电商从探索、大规模投资、大手笔促销到市场大规模淘汰落后企业，再到行业增速放缓不过才几年的时间，此间线上营销渠道也经历了从被奉为所谓互联网的新“风口”，到走下神坛，回归理性的过程。之后，市场竞争逐渐出现争抢线下渠道的新局面，线上线下营销模式和渠道越来越趋于理性。随着农产品电商进入增长速度的下降通道，线下门店似乎迎来新的发展春天。通过检视电商发展失败教训与线下渠道成功经验，我们认为农产品线下营销应结合线上渠道，以线下渠道为主，打通线上与线下，在体现 O2O 模式的同时，强化线下渠道的重要性，应注意做到如下几点：

1. 渠道建设与传统电商优势的结合

农产品的天然属性有新鲜、味道、营养、卖相等各种元素，消费者在购买过程中通常会综合考虑以上需求。然而，传统电商由于渠道限制，消费者只能通过线上文字、图片或视频方式提供的信息来选购商品，在消费过程中缺乏积极的心理依据支撑，体验感较差。同时，由于没有线下渠道，电商企业必须通过时效性较强的物流配送来弥补农产品在新鲜度方面的缺失。因此，线上农产品发展受到一定程度的制约，成为企业发展的鸡肋。但是，应该看到，线上农产品电商所面临的获客成本高、转化率低等制约发展问题如果能够和线下渠道结合起来，有可能成为促进企业前进的优势。例如，线下农产品企业拥有深入社区或深入消费者中心的渠道，如果能将线下渠道的顾客通过 App 或会员等方式转化成线上顾客，再通过便捷的到店自取或送货等方式让线下渠道成为线上电商的服务网点，也许能有效地解决这一问题。而且，由于以家庭为轴心，消费者对于每日光顾的线下渠道的体验感更好，在复购率和品牌忠诚度方面会有更好的体现。这看上去似乎和 O2O 模式有点类似，但从本质来说是不同的。传统 O2O 模式是指以互联网作为主要交易平台，结合线下与互联网运营两种运营模式，并通过线上线下流量的相互转化达到更大化盈利目的的一种电子商务模式。这种模式强调如何将线上流量转化到线下，同时将线上获客成本高的弱点进行转移，用线下获客方式进行成本摊薄。其模式的重心仍然是线上为主线下为辅，且线下承担的功能大部分是服务、转化与摊薄成本。而我们这里提出的类 O2O 模式刚好相反，其经营的重心在线下，以门店或其他体验感较好的方式提供尽可能多的 SKU 产品，而不是通过线上。线上作为线下渠道的补充，作为线下盈利的新增长点，其线上服务半径仍然以门店为中心，小范围为主。

也有一些公司在尝试从独特的切入点实现类 O2O 模式运营农产品品牌，例如顺丰等物流公司，以企业优势即产业链的物流端作为行业切入口，以线上渠道方式向生鲜电商靠拢，配合具有优势的冷链技术和具有独特优势的配送体系，在线下开设门店。结合优选的高品质产品，通过体验感较强的线下门店作为线上数据与线下物流融合的门店业态，提供看上去较为智能化、便捷性、品牌化的新营销模式。因此，线下门店的区域布局、服务半径、SKU 多寡、门店设计、门店促销等如何与线上销售达成有效结合是线下经营成功的重要因素。如百果园始终坚持以核心 SKU 运营为定位，线下门店运营方面基本不陈列生鲜产品，以免挤占水果的位置，利用线上 App 和小程序完成店内导流和推广动作，以期做到渠道价值最大化，完成线下渠道“仓店”一体化建设，并以线下销售为主。另外，其门店中的布局也值得推广，店内三分之一面积用于后仓和打包，水果由于周转效率高，仓库并不会堆满，而是利用线上线下同步销售的方式提高销售效率。目前其成熟门店处理能力的日均峰值可以达到 500 单，普通门店的处理量也能达到 200 单，能够做到门店渠道的高效运转和线上渠道资源的有机结合。

2. 高品质产品和更佳的体验感是线下营销的关键

消费者确实可以逐渐体验到 30 分钟到 2 小时不等的家庭配送服务，也有不少用户对所购产品的新鲜度有正面的评价。但这似乎并不是完美的营销模式，配送超时、产品质量参差不齐、配送员态度差已成为发展软肋，在此情况下，线下渠道的各种优势表现得越来越明显。例如，专注线下门店拓展的百果园已经摸索出一条属于自己的特色门店发展之路，其零售终端大部分是 40 ~ 50 平方米的社区型小型店面，基本能够实现坪效最高、人力及店租成本最低、店面设计标准化等连锁型线下渠道运营方式，该品牌通过严格管控的加盟方式使得门店数量迅速增长。首先，水果是百果园的立身之本，其核心定位点和品牌基因也来源于此，因此，百果园一直在门店中打造品质最好的水果，其摆放位置也是以水果为主，其他生鲜类产品大部分不摆放在店面中。百果园借助这个具有核心竞争力的品类占领了用户心智，积累了首批种子用户群，还通过良好的用户体验传播口碑，以达到种子用户分裂更多客户的目标。同时，百果园还通过将供应链与门店数字体系打通，把供应链数据、运营体系、会员系统集中到门店管理运营体系中，然后将所有运营数据和效能依附到水果品类上，再带动生鲜品类的整体运营，这样提高了销售效率，降低了运营成本，无形中形成了高品质产品与高性价比的品牌意识。

体验感强的渠道或门店是客户形成良好主观质量和品牌形象的重要接触点，体验感的强弱还可以直接带来销售业绩的变化，因此，必须重视体验感的营造。在创造终端渠道体验感方面，应重视货架摆放、灯光效果、堆头、装修风格、购物路线指引、结算方式等。通常来说，门店首先应确定一个统一的设计风格，从色彩、设计、材料、橱窗等几个方面考虑其颜色与风格的统一性。如：田园风格门店中需要考虑绿色元素与橱窗、展柜的配合，在材料方面也应尽量选择田园中的锄头、镰刀等原始素材；若选择的是现代化风格，则需要使用蓝色基调，材料和橱窗等选用与互联网元素相关的元素。另外，不同门店使用的灯光、堆头的设计也会影响消费者的体验。一般来说，农产品线下门店适合以暖色调为主，在灯光设计上，用较为柔和的泛黄色射灯配合白色光营造温馨舒适轻松的购物环境；为了在小空间中获得产品新鲜度和规模化的感受，在适当的地方采用镜子反射的方式，可以让消费者在新鲜度和产品展示的数量上产生错觉，拥有更佳的体验感。

（二）农产品 + 线下体验 + 文创旅游

把农产品的消费、体验以及与消费者的互动整合起来，形成立体、全方位、文化性、综合性的农产品销售模式，是另一种高级别的线下营销模式。随着消费者收入提升、消费形态升级，人们从简单的产品消费上升到文化消费、创意消费，这就催生了更多新型的农产品销售模式，如创意农业、休闲农业、农业旅游、农产品文化节、体验式庄园等。以上几种营销模式通常来说可以分成两大类：一类是政府组织的主题文化节，如赣南脐橙文化节、丰县苹果文化节、蓉欧特色生态农产品文化节、济源·邵原富硒农产品文化节、洛阳牡丹文化节、杨凌小麦文化节、长丰草莓文化节等。此类文化节一般是集中当地优势农产品资源，由政府主办或协办的常规性农产品节日活动。该活动具有产业集中度高、权威性高等特点，一般都能吸引较多的订货客户或旅游人群前往消费，是一种促进区域整体农产品产业发展的好模式。第二类是企业组织的主题活动，这种活动有单一产品型活动，如脐橙节、草莓节、玉米节、小麦节、香蕉节等，也有综合性商业活动，如农产品展销活动、采摘节、创意农产品庄园体验活动等。这两类活动基本都伴随着农产品销售、体验、餐饮、亲子、乡村游等活动，通过利用“农产品 + 旅游 + 体验 + 文创 + 餐饮”的营销模式解决农产品销售难、价格不高等困局。以下我们就来简单介绍一下，农产品如何开展线下综合性商业体验活动。

1. 以政府为主导举办文化节

此类文化节通常由政府机关主办，媒体或其他单位协办，专业展览公司承办。该文化节或其他形式的活动具有稳定性强等特点，由于政府能够发挥调控功能，一般可以集中优势资源参展、策划或对外宣传，因此，这类活动所形成的销售力、品牌力、宣传力都比较强大。活动举办初衷通常是帮助农民脱贫、增加收入，将区域公共品牌农产品打造为知名品牌，以带动地方经济发展。全国目前比较典型的文化节很多，如福建的海峡两岸茶叶博览会，已经举办了 12 届。赣南脐橙节从开始举办到不断扩大规模和形势，走出了一条独特的节日之路，他们将国际脐橙节、赣南脐橙网络博览会和中国（赣州）新农村电视艺术节结合在一起，不仅从规模上扩大到国际上近 20 个国家和地区，还把线上订货与线下节日进行结合，联合传统媒体共同开发节日新动能。另一个成功的例子是孟津县打造的都市近郊休闲游产业综合体，也是河南省第一家“田园综合体”，其典型性、代表性、品牌性活动有“来孟津耍吧”特色农业嘉年华系列活动，以古村落、牡丹画、唐三彩等为代表的沿黄河民俗文化游等有独特地域特色的品牌活动，还有“草莓嘉年华”“亲子采摘游”“敬老体验游”等体验活动。由于政府多方面引导、多角度策划、多维度建设，该田园综合体从活动品牌定位到主体活动消费者参与度等方面都可圈可点，使得孟津县成为全国休闲农业和乡村旅游示范县，以体验、旅游、农产品展销、活动参与等为代表的活动为农产品销售方式的转变找到了新的出路，将农产品从简单的单向销售转变成旅游、文创产品，提升了产品价值，带动了更多消费者的参与。

2. 农产品 + 文创旅游

在农产品 + 文创旅游模式的运作过程中，可参考以下几个运营方针：首先，要有特色鲜明的农产品经营理念，并广泛宣传出去。农产品＋文创旅游，起点是农产品，落脚点是文创旅游，企业应明确在精致农业的基础上，找到文化创意产业落脚点的独特理念，方向可以从农产品销售、创意产品、创新体验、经营方式等角度寻找。其次，塑造品牌个性。品牌个性是一种完全意义上的消费者心理认可，是一种融合理性和感性的心理学，甚至是一种偏重感官的态度。打造一个彰显独特品牌个性的品牌形象对于吸引消费者，形成较高的品牌忠诚度有很大作用，而农产品可以从产品形象、质量稳定性、历史价值、自然条件价值等角度寻求品牌个性建设思路。再次，打造产业链生态下的体验环境。体验感是生态农业、休闲农业等农业文旅产品的核心竞争力所在，农业企业基于优势农产品的生产、种植、包装、存储、物流等环节，在实现产业化同时，建立起体验感较强的农业旅游生态环境。让消费者在亲近农业的过程中，体验到农业文化创意的吸引力，从营造出的低碳环保、有机乐活的农业环境中体会到人与自然、城市与乡村和谐的生态环境。最后，建立农耕生活方式，促进农业综合体与消费者之间的线下沟通与交流。农业企业应尽量实现从简单地卖产品、卖体验到休闲农业综合体的过渡，将旅游、地产、农业生产等结合起来，融合多种休闲业态，营造田园式的生活方式，吸引久居都市的消费者到乡野田间的综合体享受慢节奏、亲近自然的生活方式。尤其需要注意的是，该类文创旅游项目应该规划合理，让消费者愿意来、留得下、想消费，因此，项目内容要丰富，创意要精准，效益要可测量。

3. 线下体验与艺术化的结合

农产品从粗放经营转变为精细化运营是为了适应新形势下消费者的新需求，随着人民生活水平的提高，消费者的饮食结构和饮食习惯发生改变，人们对于精致商品和优质农产品的需求变得越来越旺盛，这为农产品从业人员指明了新的发展方向。

农产品运营商可以在以下几个方面进行体验与艺术结合引导下的精致农业或精细农业的改造与升级。

（1）种植、生产、产品形态的文创化。

通过改变农产品食用方法和跨界使用，体现农产品的艺术价值和文化创意产品价值：如日本在农业种植过程中，将水稻种植土地制作成天然画，让本来只能食用的水稻变成观光景点；再如将米粒雕刻成不同的文创产品等。此外，还可将农业种植、生产、流通环节产生的废弃物当成创作载体，直接加工成文创产品，强化其特殊商品、旅游产品方面的价值。如将玉米秸秆晒干后制作成手工艺品、将废弃果壳雕刻成装饰品或将各种豆类产品制造成手机链等饰品。

（2）艺术化与体验性的有机结合。

农产品文创开发中，除了农产品本身需要艺术化之外，有必要将艺术化的产品用体验性强的线下艺术化方式体现出来。例如，农场采用数字化技术管理农业生产，其无土栽培、无人养殖的全过程全部通过中央监控室的数据大屏展示出来，供消费者参观，不仅在消费者心智中形成了物联网、视频监控全程生产等科技含量较高的生产工艺，还将体验与艺术结合在了一起。

第四章 各类农产品市场营销实践

第一节 谷物营销与棉花营销

一、谷物营销

（一）谷物营销环节

谷物营销环节包括收购、检验、分级、包装、运输、储藏、加工和销售，其中起主导作用的是收购和销售。但由于谷物存在产地差异性和生产季节性，对谷物的运输和储藏是不可或缺的条件，没有运输和储藏，收购和销售就很难完成。

（二）谷物营销渠道

1. 收购渠道

（1）保护价收购。

所谓粮食保护价，是指以保障工业用粮、饲料用粮以及粮食储备为目的，国有粮食企业按照国家当年的粮食保护价向农民无限制收购粮食的制度。从 20 世纪末起，国家推行以“三项政策、一个完善”为主要内容的粮食购销体制改革，其中一项非常重要的政策就是对粮食进行保护价收购，从新粮上市起，进一步放开粮食收购价格，由取得经营资格的企业随行就市收购，同时对重点粮食品种实行最低收购价，即在粮食市场价格低于最低收购价格时，国家将指定部分粮食经营企业按照最低收购价格敞开收购。这是对种粮农民实行的一种间接补贴方式，国家每年都要拿出数百亿元通过国有粮食企业这个中间环节进行补贴。对粮食进行保护价收购的单位主要是国有粮食企业和工业用粮及经营企业。

①国有粮食企业。当前，稻谷、小麦和玉米在我国具有生产优势的大部分区域仍然属于保护价收购范围。按照国家有关政策，对于列入保护价收购范围的粮食，由国有粮食购销企业常年敞开收购。因此，在谷物主产区国有粮食企业仍是谷物市场的主要经营渠道。

②工业用粮及经营企业。对于列入保护价收购范围的粮食，除国有粮食企业外，经省级工商管理部门批准的用粮企业、粮食经营企业可以按照国家有关粮食收购政策直接到农村收购粮食。经批准的大型工业用粮企业还允许跨地区到粮食产区直接参加收购，或委托当地国有粮食购销企业收购自用粮。另外，经省级政府认定，对于交通不便的边远地区，允许经地、市或县级工商行政管理部门审核批准的粮食经营企业到农村收购粮食。

在稻谷、玉米和小麦主产区，作为主要粮食作物，稻谷、玉米和小麦均在收购范围之内。

（2）非保护价收购。

对于已经退出保护价收购的粮食，经地、市或县级工商行政管理部门审核批准的各类粮食经营企业、用粮企业，都可以到农村直接收购粮食。

2. 销售渠道

（1）按照国家保护价收购。

国家粮食企业以保护价收购的粮食，或由县粮库和国家粮食储备库存储，或直接通过县级批发市场出售。县粮库储存的粮食，由粮食公司或经由批发市场，由零售环节销售给消费者，或者通过进出口企业出口到其他国家。国家粮食储备库的粮食，经过本省或外省的省级批发市场，由粮食公司、零售商销售给消费者或出口。

（2）农村集贸市场和批发市场。

除国有粮食企业和各类粮食经营企业、用粮企业外，农民也可以直接通过集贸市场和粮食批发市场销售粮食，并不受数量限制。经县级以上工商行政管理部门批准的各类粮食经营企业和粮食经销商都可以到农村集贸市场和粮食批发市场购买和销售粮食。批发市场是我国省际商品粮食流通的主要渠道，也是各类农产品企业经营的主要渠道。

二、棉花营销

（一）棉花供给状况

1. 棉花的重要性

棉花是关系国计民生的战略物资，也是仅次于粮食的第二大农作物。棉花是涉及农业和纺织工业两大产业的商品，是全国1亿多棉农收入的主要来源，是纺织工业的主要原料，也是广大人民的生活必需品，棉纱、棉布和服装还是出口创汇的重要商品。棉花还可以用来制造轮胎等的帘线、火药以及医药用棉等。因此，棉花的生产、流通、加工和消费，与人民群众的生活和广大棉农的利益息息相关，对国民经济的发展也有着重要影响。

2. 棉花产区分布及区划

（1）我国棉花产区分布。

我国适宜种植棉花的区域广泛，棉区范围大致在北纬18～46度、东经76～124度之间，即南起海南岛，北抵新疆的玛纳斯垦区，东起中国台湾省、长江三角洲沿海地带和辽河流域，西至新疆塔里木盆地西缘，全国除西藏、青海、内蒙古、黑龙江、吉林等少数省（自治区）外，都能种植棉花。

（2）我国棉花区划。

我国棉区范围广阔，根据棉花对生态条件的要求，结合棉花生产特点以及棉区分布状况、社会经济条件和植棉历史，将全国划分为3大棉区：长江流域棉区、黄河流域棉区和新疆棉区。

长江流域棉区。包括上海、浙江、江苏、湖北、安徽、四川、江西、湖南8省市，近年来种植面积有所减少。

黄河流域棉区。包括河南、河北、山东、山西、陕西、辽宁6省，近年来种植面积稳中有升。

新疆棉区。包括新疆和河西走廊一带，种植面积稳中有升。新疆棉花以纤维长、色泽洁白、拉力强著称，是我国最具有发展潜力的新辟棉区。新疆水土光热资源丰富，气候干旱少雨，种植棉花条件得天独厚，近几年棉花种植面积增加很快。从种植区域看，新疆已初步形成了3个产棉区，即南疆棉区、北疆棉区和东疆棉区。南疆棉区是新疆棉花的主产区，其棉花产量约占新疆棉区产量的80%，也是我国最适宜的植棉地区，是长绒棉的生产基地。其次是北疆，再次是东疆。新疆棉花连续8年在总产、单产、人均占有量、外调量等方面居全国首位。

除3大主产棉区外，京、津、甘肃、广西、云南等地也有分散种植，但其产量合计占全国棉花总产不到1%。

（二）棉花需求状况

棉花主要以直接供应棉纺工业为主，棉农自用的絮棉用量相对稳定，且占份额不是很高。从我国的棉花生产和棉纺工业的需求布局来看，供给与需求模式主要有以下几种类型：

1. 输出原料型

新疆是我国目前最大的棉花生产区域，其棉花生产能力超过了当地棉纺织工业发展需求，因此新疆的绝大部分棉花资源要销往全国各地和满足国家对棉花出口的需求。

2. 输出部分原料型

由于具有资源优势，在部分棉花主要生产区域如山东、河北、河南、安徽、湖北等省，棉花的生产能基本满足当地的棉纺需求并有部分销往其他省份，但对于高等级棉花则还需从新疆购买或者从国外进口。

3. 输入原料型

北京、天津、上海、江苏、辽宁、浙江、陕西等省、直辖市的棉纺织能力大于当地的棉花生产能力，需要从其他省或从国外进口才能满足当地对棉花的需求，其中京、津、沪三市的棉花生产量很小，原料基本上依靠从外省购买，其他地区虽然在当地有一定数量的棉花生产，但数量不足，需要购买其他省份或者从国外进口相当数量棉花。

4. 完全输入型

内蒙古、吉林、黑龙江、福建等省、自治区基本上不生产棉花，因此需要从外地购买棉花供当地纺织业加工生产。此外，由于我国各区域棉纺织工业技术条件的差异，各地纺织企业对棉花等级的需求也不同：如技术好的沿海地区，其纺织产品主要是向高档次、出口型发展，因此沿海地区纺织企业倾向较高质量的棉花；而内地和产棉区的纺织企业主要生产中、低档产品，面向国内市场，所以内地纺织企业多是需求一般质量的棉花。

（三）棉花营销

1. 棉花营销过程

（1）棉花生产计划。

棉花的生产计划是棉花营销的第一个环节。21世纪以后，棉麻企业已脱离供销社的领导，棉花生产也完全按照市场供需和市场价格进行自我调整。因此，无论棉农还是大型棉花种植农场，在播种棉花之前都应根据市场需求和价格变化趋势合理安排生产。目前许多地方推行订单棉生产方式，这在稳定棉花生产、保证农民收入、满足纺织行业需求等方面起到了一定的积极作用。

（2）棉花收购。

由于各棉花产区的气候条件差异，棉花收购时间并不统一，有些地方从 8 月中上旬开始收购，也有些地方要到 9 月中下旬才开始收购。棉花年度是从每年的 9 月 1 日开始算起。一般来讲，棉花收购的程序，先是扦样，扦取的棉样送到检验室，按规定程序进行检验，然后把结果告诉棉农，如果棉农有不同意见，还可重新验级，如果棉农同意，就过秤入库，按照不同等级支付棉农不同的价格，完成收购过程。

（3）棉花检验。

棉花的分级检验是棉花收购、加工、储存、销售环节中确定质量、衡量使用价值和市场价格的关键环节。我国棉花按类型分为两种：白棉和黄棉。根据棉花的成熟程度、色泽特征、轧工质量，将棉花品级分为一至七级，三级为品级标准级，七级以下为级外棉。长度以 1 毫米为一个档次，28 毫米为长度标准级。各个等级的表示为品级加长度，如 327 级，表示三级 27 毫米。黄棉最高等级为四级。五级棉的最大长度是 27 毫米，六级和七级棉的长度规定为 25 毫米。但一般规定五级以下为等外品，市场销路不好。正常年景，我国棉花绝大部分在三级以上。

（4）棉花加工。

棉农从棉株上摘下含有棉籽的棉花叫籽棉，经过加工后去掉棉籽的棉花叫皮棉，习惯上所说的棉花产量，一般都是指皮棉产量。所谓棉花加工就是通过轧花机把棉纤维同棉籽分离开来的工作过程。皮辊轧花机加工出来的皮棉叫皮辊棉，锯齿轧花机加工出来的皮棉叫锯齿棉。皮辊棉轧工质量不好，生产效率低，锯齿轧花机加工出来的皮棉轧工质量好，但对棉花纤维有一定的损伤。目前陆地棉的加工基本上都用锯齿轧花机，长绒棉的加工使用皮辊轧花机。轧花机加工成的皮棉经打包机打成符合国家标准的棉包。国家标准皮棉包装有 3 种包型；85 千克 / 包（±5 千克）、200 千克 / 包（±10 千克）和 227 千克 / 包（±10 千克）。轧花后的棉籽，可以剥取棉短绒，用于造纸和生产化纤等，每 50 千克籽棉可以轧皮棉 16.5 ~ 18 千克，棉短绒 2 千克。剥绒后的棉籽，可以榨油，一般每 50 千克棉籽出油 7.5 千克。

棉花加工是一个连续操作过程。因此，要收购到一定数量之后才能开始。通常收购开始后一月左右进行，即 10 月中下旬开始加工，到翌年 4 月份基本结束。

（5）棉花储备。

棉花的储存要求交通便利、防火、通风、防潮、防止霉变。由于棉花是易燃品，所以在储存和运输等各个环节都要特别注意防火。棉花符合储存条件时保质期较长，一年之内品质不会发生大的变化，超过一年，即使品质有一些变化，一般也不会影响使用。储存时间过长的棉花，会影响到色泽和品级。中储棉公司的主要职能是：受国务院委托，具体负责国家储备棉的经营管理，负责国家储备棉的购进、储存、调运、销售和进出口业务；负责国家储备棉储存安全，适时对国家储备棉进行轮换，保证棉花质量；负责中央棉花直属库的建设、维护和管理，提高仓储能力和效率，确保国有资产保值增值。

2. 棉花营销渠道

（1）收购渠道。

①棉麻公司。棉麻公司原隶属于供销总社。21 世纪初国家采取了“社企分开”政策，棉麻公司成为自主经营、自负盈亏的棉花经营企业。由于几十年来棉麻企业已形成棉花经营上的规模化，因此棉麻企业在棉花经营中仍然具有一定优势，特别是在主产棉地区的棉麻公司，目前仍是棉花收购的主要渠道。

②民营棉花收购和加工企业。许多主产棉地区纷纷建立了一些由民间资本投资的棉花收购加工企业。在新棉上市时，这些企业就派出业务员到各棉农家收购棉花，或者棉农到这些企业去交售。民营企业再将自己加工好的棉花直接销售给用棉单位。目前民营棉花加工企业已经成为我国棉花市场化经营的组成部分，也是推动棉花市场有序竞争的不可缺少的力量。随着我国棉花营销体制改革的深化，民营棉花加工企业将在我国棉花市场中扮演重要的角色。

③纺织企业。纺织企业是棉花消费的最终用户。目前越来越多的大型纺织企业纷纷参与棉花收购，甚至直接参与棉花的生产运作，以确保棉花的质量和需求量，如山东魏桥纺织集团、亚东纺织集团等，都与当地或其他棉花生产区签订常年生产购销合同，并参与生产管理过程，不但保证了棉花的品质要求，还降低了棉花购买的成本。

（2）销售渠道。

①现货交易。用棉单位可以直接与各地棉麻公司、棉花经营企业签订供销合同，购买符合要求的棉花产品。由于各地棉麻公司都有自己的棉花加工厂和棉花储备库，用棉单位直接从棉麻公司购买棉花，既能保证质量，也能保证及时供货。

②全国棉花交易市场。全国棉花交易市场是中国棉花营销体制改革的产物，是由全国棉花交易会演变而来的。全国棉花交易市场中心市场设在北京，在 22

个棉花主产区和主销区设立了常年交易工作站，为棉花交易双方提供交易结算、实物交收、质量检验、储运、信息咨询和培训等服务。全国棉花交易市场实行会员制，凡在中华人民共和国境内登记注册、具有独立法人资格的棉花经营企业、纺织企业、棉花进出口企业以及其他具有棉花经营权的企业，均可申请成为全国棉花交易市场会员。

棉花交易市场目前共有 3 种交易方式：电子撮合交易、竞买竞卖交易和协商交易。第一，电子撮合交易是指卖方在交易市场发布售棉邀约、买方在交易市场发布购买邀约，交易市场按照价格优先、时间优先原则确定双方成交价格并生成电子交易合同，并在交易市场指定交割仓库进行实物交割的交易方式。第二，竞买竞卖交易是指买方将需求信息资料、卖方将拟出卖棉花的详细资料通过交易市场公告后挂牌报价，卖方自主减价，买方自主加价，以最高买价或最低卖价成交，并在通过交易市场签订购销合同后进行实物交割的交易方式，类似于拍卖和招标两种相结合的方式。第三，协商交易是指双方协商成交价格，然后通过交易市场签订购销合同并进行实物交割的交易方式。全国棉花交易市场的建立不但为棉花供需双方提供了买卖交易的平台，也为国家运用国储棉对棉花市场进行宏观调控提供了有效的场所。

③棉花期货市场。棉花期货市场已经在世界期货市场上有快 200 年的发展历史，成为世界上众多纺织企业、国际棉商、棉花合作社规避风险、锁定价格、安排生产和贸易的重要的经济场所。长期以来，我国由于没有棉花期货市场，仅以棉花现货市场价格反映出来的信息来引导棉花市场，常常引起棉花价格的剧烈波动，也无法保证棉花价格的平稳性和资源配置的合理性。

棉花期货市场的形式主要是期货交易所，期货交易所是专门进行期货合约买卖的场所，一般实行会员制，即由会员共同出资联合组建，每个会员享有同等的权利与义务，交易所会员有权在交易所交易大厅内直接参加交易，同时必须遵守交易所的规则，缴纳会费，履行应尽的义务。期货交易所不以营利为目的，主要靠收取交易手续费维持交易设施以及员工等方面的开支，费用节余只用于与交易直接有关的开支，不进行其他投资或利润分配。期货交易所的宗旨就是为期货交易提供设施和服务，不拥有任何商品，不买卖期货合约，也不参与期货价格的形成。

3. 棉花营销应注意的问题

棉花营销中最值得重视的问题就是质量问题。棉花质量一直是影响我国棉花国际竞争力和棉纺织产品质量的重要问题。棉花质量一方面与棉花品种有关，另一方面也与营销过程中混入的异性纤维有关，异性纤维即俗称的“三丝”。由于异性纤维的掺杂，严重影响了我国棉纱及棉布的产品质量，由此引起的外商索赔案件时有发生。

异性纤维混入的途径主要有：人工采摘时混入头发丝；棉农用塑编袋、尼龙绳等捆扎棉包，混入化纤丝；轧花厂收购的籽棉露天存放，混入异性纤维。棉花收购、加工企业在棉花经营中必须加强对异性纤维、色纤维的挑选，在籽棉加工过程中排除混入的异性纤维。目前许多用棉单位对棉花中异性纤维的含量提出了较高的要求，如果混入的异性纤维含量高，不但会降低棉花的销售价格，而且还会面临退货的风险。

目前，所有的棉纺织企业都投入了大量人力来挑“三丝”，设专人把棉包逐一打开，逐块撕扯松散，逐根挑拣，一个中型企业一般设 300 ~ 400 专人挑拣。同时，许多棉花购销企业和纺织企业利用价格杠杆，控制“三丝”含量，即根据棉花中混入“三丝”的含量，相应提高或降低价格。

第二节　畜牧产品营销与园艺产品营销

一、畜牧产品营销

（一）肉类产品营销

1. 影响肉类产品消费的主要因素

（1）居民的可支配收入。

我国城镇居民整体上已初步达到小康水平，肉类消费在居民食物消费中的比重在上升，其中大中城市是牛奶和肉类的集中消费区。但随着住房、教育、医疗、家庭轿车等消费项目费用的增加，同时考虑到居民选择个人储蓄与投资的情况，城镇居民肉类消费在食物中的比重将会较为稳定地增加。农村居民的消费总体上处于温饱水平，食物支出中的肉类支出总体上会有较快的增长，但与城镇居民仍会有一定差距。总体上，东部沿海地区动物性食品消费比重及数量要大于中西部地区，部分收入较低的居民还以青菜为主。随着营销网络的发展，中小城镇将会成为肉类产品消费增长较快的消费市场。

（2）居民的消费习惯与偏好。

总体而言，西方居民偏爱肉食，我国居民则偏爱素食与肉食兼有。从肉类消费的产品种类来看，城镇居民消费牛羊肉的比重大些，农村居民的肉类消费中猪肉消费比重较大，占全社会消费量的二分之一左右。此外，从消费时间上看，节假日（如春节）是肉类产品的消费高峰期。

2. 肉类产品营销渠道

（1）家畜市场。

购买家畜通常有 3 种用途：繁殖种群、育肥需要、屠宰。家畜市场指为上述任何一个目的把家畜聚集在一起的市场。

①集中交易市场。集中交易市场常指“当地市场”，由独立或合作所有者运营，或由肉类生产公司运营来购买家畜。当乡村经销商有交易设施和大规模运营条件时，通常很难把这种市场与乡村经销商区分开。

②集散公共市场。这是一种大的中心市场。它收购到家畜后加以管理，对所有愿意利用该市场的人均提供买卖方面的权益保障。市场设施通常由畜栏公司拥有，这种组织方式常被比做“家畜旅馆”，它不介入家畜买卖，仅提供交易设施并收取场地使用费。

③拍卖市场。拍卖市场在拍卖的基础上向公众销售，某些拍卖市场是育肥家畜和种畜的主要销路和货源地，某些则是屠宰家畜的销路，或是由肉类生产商、经销商以及其他类型买主资助。

④地方合作协会。地方合作协会原来的职能作为运输机构从畜牧生产者手中收集小批量家畜以整车批量运送到集散市场。目前许多协会从事更为广泛的服务，经常把他们的家畜直接卖给肉类生产商或其他买主，某些生产团体从事讨价还价活动。

⑤乡村经销商。乡村经销商是为获利而买卖家畜的独立运营商，又称为贩运商。他们通常从农民手中购买家畜然后转卖给肉类生产商或其他的市场机构。某些经销商拥有小的营运场地，其他的则仅靠卡车运营，从畜牧生产者手中收购家畜。

⑥佣金商。农民通常把他们的家畜委托给佣金商，这些佣金商收取佣金费用作为他们工作的报酬，佣金机构可以是私人所有也可以是合作所有。

⑦订单买主。订单买主收取一定费用，从集散市场、拍卖市场或产地为其他买主购买饲料和需要饲养的家畜。

⑧肉类生产与加工厂商的集货。某些家畜屠宰分割与肉类加工厂位于大的集散市场附近，通过集散市场设施管护他们的绝大部分家畜。位于产地或中央市场的厂家，在工厂内或在产区内会拥有自己用于购买家畜的场地。有些厂家从经销商、集中交易市场、拍卖市场或从畜牧生产者手中直接购买他们所需的家畜。某

些情况下零售商或冷冻食品加工厂也自己购买和屠宰家畜。

绝大多数家畜买主和卖主会利用多种市场和代理商。生产者关心的是当地买主和销售方式及选择购买的数量对家畜价格的影响，当然家畜市场的竞争程度并不完全取决于家畜买主的数量，有时两家买主会同十家买主一样激烈竞购。

（2）家畜市场营销模式。

①分散营销。分散营销又称为直接营销，指家畜销售在畜牧生产者与肉类加工商之间直接进行，没有使用集散市场设施的服务。分散营销使家畜定价的地点由中央化的集散市场转移到众多的乡村地点。分散营销代表形式是：肉类加工厂商从畜牧产区拍卖市场、乡村经销商那里购买家畜。

②集中营销。某些畜牧生产者利用集散市场销售家畜，即集中营销。现代通信网络和电子商务，可以把所有当地市场与集散市场联系起来，成为一个虚拟的统一市场。

分散营销和集中营销两种营销模式并存，各有优点和不足。基于需要、偏好和经济回报，每个畜牧生产者与肉类加工企业都会选择最有利的营销渠道，他们的选择反映了两种营销模式下的价格、营销成本和净回报，决定选择的因素并不是高价位或低营销成本，重要的是所有买主和卖主均可自由地在各营销模式中选择。有许多畜牧生产者偏爱集中营销，原因是集中营销需要很少的营销服务，因此对畜牧生产者来说只有很少的个人营销费用支出；集中销售产品的损失和营销的价值缩水较小，且更加便利。利用分散营销，在家畜定价和出售前，畜牧生产者对家畜保持实际控制，所以许多畜牧生产者也偏爱分散营销。某些畜牧生产者仍然利用集散市场，某些情况下也许没有别的选择，但是规模小的生产者常看重集散市场提供的服务，在集散市场上有更多的买主和卖主亲自光顾集散市场，会使竞争更加激烈。

分散家畜市场的定价效率也受到关注，对畜牧生产者来说，在市场上收集和发布价格方面准确有用的市场信息是困难的，人们建立了畜牧产业的电子商务和虚拟的统一市场，试图在分散化市场上保持集中交易的定价效率。

不同的畜产品和肉制品可以通过不同的营销方式销售，我国城镇居民喜欢从农贸市场购买新鲜肉然后进行家庭烹制，而目前的小包装鲜肉与中西式肉制品已通过专卖店、连锁店、超市等进入城市居民家庭。从家畜的肉类市场供应和城乡居民购买力来分析，我国目前有些肉类产品如猪肉、鸡肉等已出现买方市场，肉类消费正步入讲质量安全、讲品位营养、比较产品的价格与加工、以消费者为中心的买方市场营销时代。

3. 肉类产品安全

造成食品不安全的直接原因，是食品从生产到餐桌的各个环节都有可能受到有害物质的污染，加之缺乏监测和规范管理，不能及时地处理而使其流入市场。在肉食品生产过程中受有害物质污染致使质量下降的因素很多，大致有5个方面。一是动物疾病。包括在养殖过程中因畜禽疾病带来的细菌和病毒以及在治疗后留下的兽药残留。二是饲料和饲料添加剂中带来的各种有害物质。如重金属、硫黄类、四环素等兽药残留超标。三是人为非法添加有害物质。生产者在饲料中人为地非法添加瘦肉精、三聚氰胺等有害物质。四是环境污染。即从废水、废气和废渣（粉尘）中传入有毒有害物质。五是人畜互传的疾病。包括传染病和寄生虫病。

肉食品质量安全体系由生产、监管体系构成，主要包括健康养殖技术标准体系、肉品安全生产法律体系、可追溯的技术监测体系、市场准入管理体系以及安全教育体系等。

空气质量和水质量应符合养殖业环境质量要求。生猪养殖中的品种改良、兽医防疫、产地检疫和重大疾病的防控有一系列的技术规程和法律法规，都必须严格执行。建场地点不仅要远离城镇和水源，还要远离养殖场，要位于居民区主要季风下风处和水源的下游。

近年我国发生的在猪饲料中非法添加瘦肉精、牛奶中添加三聚氰胺等事件，充分说明造成食品不安全的主导原因不仅仅是环境的变化，还是某些经营者道德败坏，为了牟取暴利而违法害民。所以，必须用法律的手段约束和制裁那些丧失良心的违法犯罪者。世界上任何一个对国民负责的政府，都非常重视肉食品安全工作，并制定一系列法律法规。

（二）乳品营销

1. 乳品消费

（1）乳品需求。

乳品作为一种营养丰富而全面的理想食品，我国乃至国际对乳品的需求量在逐年增加。其中，我国对乳制品的需求将更高，不仅由于政府提倡牛奶及乳制品消费，而且随着高收入群体的增加，消费者的乳品消费大幅增长。另外，印度、巴西、美国、中东、北美等国对乳制品的需求也在逐渐增加。特别是美国和印度，因人口增加和经济的发展，其需求量不断升高。需求量高的地区，将带动国内牛奶及乳制品业的发展。

（2）中国乳品消费特征。

中国乳品消费结构存在明显的地区间消费差异、城乡间消费差异、人群间消费差异和乳品品种间消费差异。

①城乡差异。在中国，城乡间乳品消费的差异突出。城乡居民的收入水平、营养保健意识和购买方便程度等多因素影响，导致了他们对乳品消费的明显差异，在同样的消费习惯下，城镇居民比农村居民消费了更多的乳品。

②消费习惯差异。消费习惯的差异也是形成中国乳品消费结构差异的重要因素。在拥有奶类消费习惯的牧区，乳品消费是牧民们的主要食品来源之一。

③品种结构差异。乳品的品种结构也是影响我国乳品消费结构的因素。由于中国居民不习惯对干酪、黄油、炼乳等的消费，在众多的乳品品种中，真正为人们喜欢的品种并不多。目前中国乳品消费主要是液体奶和奶粉两个品种。多年来，奶粉消费在乳品消费结构中所占的比重高达60%～70%，特别是在广大农村，全脂奶粉、全脂加糖奶粉和少量配方奶粉是人们乳品消费的首选。最近几年，在一些大中城市，人们开始喜欢消费保鲜奶、超高温灭菌奶、酸奶等液体奶，这些液体奶口味适中，营养丰富，正在得到广大市民的青睐。

④消费人群差异。在中国乳品消费结构中，人群结构特征非常突出。多年来，乳品消费主要集中在婴幼儿和老年人（3岁以下婴儿占60%，老人占20%）。人们普遍认为只有老、幼、病、弱、孕才需要补充营养，增强体质，一般中青年中只有高级知识分子才对乳品消费感兴趣。随着收入水平的提高和消费观念的改变，消费者的年龄结构和职业结构发生了重大变化。

2. 乳品营销渠道

乳品有着自身的生物学特性，在选择营销渠道时，既要考虑一般营销理论又要结合其生物特性和国情，无论是对哪种乳品，都必须采用多种渠道的营销模式，保证营销的有序和畅通。

（1）企业直销模式。

企业在市区建立直销队伍，设立直销点，提高供货速度，甚至可以为消费者提供上门服务，保证产品能在第一时间，以最快的速度送到顾客手中，保持液态奶的新鲜和最佳口味。这种简单模式，略去了批发商这一环节，可降低成本和产品价格，赢得了消费者的信赖。

（2）批发商营销模式。

企业—批发商（或代理商）—零售商—消费者。该模式借助批发商（或代理商）和零售商分销产品，销售服务更专业，效率更高。

3. 乳品企业营销网络

在乳品企业营销网络中，总公司对企业总部负责，下设销售中心、信息网络中心和成本核算中心，负责对总公司销售情况进行综合汇总核算，提供总体信息。同时，又控制、协调各地分公司，分公司对总公司负责。成本核算中心对地区成本中心进行垂直控制，销售中心对各地批发市场或分销中心进行垂直控制，信息网络中心对各地区网络中心进行垂直控制，三者共同向销售总公司提供信息资料。销售总公司担负企业乳品的全部销售工作，负责全面统一的策划，保证发货、回款、宣传、信息传递和反馈，是企业销售的神经中枢。分公司对地区网络中心和各地批发市场、地区成本中心进行协调与控制，掌握各地销售、信息及成本情况，向总公司汇报。

（三）禽产品营销

1. 禽肉、禽蛋的消费需求

（1）禽肉的消费特征。

①禽肉消费的地域差异显著。北方爱吃鸡肉，南方喜食鸭、鹅等水禽肉；就鸡肉而言，南方偏爱黄羽肉鸡，北方地区则基本上以消费白羽肉鸡为主。②沿海经济发达地区及城镇禽肉消费增长速度快于农村和经济欠发达地区，并且随着生活节奏的加快和快餐业的兴起，作为快餐食品主要原料的肉鸡的消费量逐渐增加。同时，肉鸡的小包装分割产品也不断增加，非常适合家庭消费。③猪肉、羊肉和牛肉的价格高低对禽肉消费影响很大。

（2）禽蛋的消费特征。

①城镇居民的禽蛋消费与农村居民的禽蛋消费存在较大差别，城镇居民禽蛋商品性消费所占比重很大，而农村居民的禽蛋商品性消费所占比重则很小，并且农村居民禽蛋消费量低。②在一定的消费水平下，居民收入与禽蛋消费量呈正相关关系，收入增加禽蛋消费量增加，反之，则减少。此外，收入高的居民对鸭蛋、鹅蛋和鹌鹑蛋等其他禽蛋类及其制品消费需求和购买能力也高于低收入居民。③禽蛋消费对价格因素敏感，属消费弹性较大的食物。

2. 禽肉、禽蛋的营销策略

（1）禽肉的营错策略。

①产品开发策略。适应消费需求，开发按部位分割的禽肉制品，如一只肉鸡可以分割出 200 个以上的品种，如鸡肉串、鸡肉肠、鸡肉脯、鸡爪等；开发低温禽肉制品、具有保健功能的禽肉制品等。

②品牌策略。首先把握市场需求脉搏，选择适合当地条件并能形成资源特色的优良品种或产品。其次要有市场促销意识，在广告促销上投入，让禽肉产品走上电视屏幕、报纸、电台，扩大知名度，提高市场竞争力和市场占有率，从而提高品牌价值。

③包装策略。优化禽肉产品的包装可以有效提高其附加值。

④嫩乳化策略。随着经济的发展和人民生活水平的提高，人们的消费习惯正在发生变化——猪肉要吃乳猪，鸡要吃仔鸡，在禽肉产销当中，也必须适应这一新的变化趋向，实施嫩乳化策略。

⑤差异化策略。广大消费者追求生活的多样性和个性化，实施差异化策略就是满足消费者对多样化、个性化禽肉产品的需求。一方面，向消费者提供不同于竞争对手的产品；另一方面，则是采取与竞争对手不同的销售形式。

⑥市场定价策略。首先，深入了解消费者能接受的价格。其次，考虑经营者对价格能接受的程度，并留出经营者的利润空间，使之有利可图。再次，根据市场竞争对手情况灵活定价。最后，在《中华人民共和国物价法》及政府物价部门的指导下以质定价，实行优质优价、特色特价，同时，还要注意灵活运用各种价格策略，如折扣价格、组合价格、促销价格、降低价格、心理价格等策略，使禽肉产品具有较高的市场吸引力和价格魅力。

⑦促销组合策略。对于各种促销方式，按照目标要求和经营者条件，适当选择以一种促销方式为主，其他促销方式为辅，利用人员促销、广告、营业推销和公共关系等方式，交叉或几种方式综合运用，达到促销目标。

（2）禽蛋的营销策略。

①产品开发策略。如禽蛋品牌创造和保健蛋生产等。

②土特化策略，搞好地方传统土特产品的挖掘和提升工作，积极发展品质优良、风味独特的野生畜禽，以特色禽蛋产品抢占市场，以野生禽蛋产品开拓市场，不断适应新的市场需求。

③产品差异化策略。对普通禽蛋产品重新定位，发现、开拓禽蛋产品新的功能效用，满足消费者的需求；运用禽蛋产品的差异化，在构成实体产品的质量、特征、式样、品牌和包装的独特性上进行改革；在销售时间和销售渠道的差异上进行改革，利用生产季节性，巧打时间差；利用现代商业组织形态，采取多方式，多渠道销售产品，充分利用现代信息社会的网络进行促销等。

④产品组合策略。适当增加产品类型，适当增加产品项目，合理考虑满足不同层次消费者的特殊需求，以扩大市场范围。

⑤促销及沟通组合策略。经营者与消费者沟通的方式主要有劝诱沟通（如设立免费咨询电话、上门走访、开座谈会、成立消费者联谊会、赠品赠券、提供购买便利条件等）、媒体沟通（如利用广告、包装、展示会、陈列馆、产品说明书等促销工具）、网络沟通（利用互联网络的一对一和交互式功能实现经营者与消费者的组合沟通）等。

⑥价格策略。综合考虑价格总体水平和国际市场价格等，积极利用季节差价、区域差价和消费者求新求异求廉等不同消费心理，应用定价技巧，选择季节性调价、区域定价、折扣定价、理解价值定价、促销定价等不同定价方式进行定价，使禽蛋产品具有较好的市场吸引力和价格竞争力。

二、园艺产品营销

（一）水果营销

1. 水果产品消费

水果产品消费需求呈现明显的层次性、多样性、季节性和可诱导性，同时，由于水果产品种类之间具有相同的食用价值，可以相互代替，以丰补缺，以贱补贵，消费者购买水果产品的数量、品种、质量等往往随价格的变化而变化，因而需求弹性较大。水果消费形式往往表现为家庭型、休闲型、菜肴型、纯果汁型以及礼品型消费。其中，家庭型消费讲究消费的保健作用，休闲型消费讲究消费的情趣，纯果汁型消费讲究口感纯真，菜肴型消费讲究档次和色彩，礼品型消费讲究送礼者的身价。基于上述形式，在水果消费中，消费者往往表现出追求“早”（尽早尝鲜，以饱口福）、“新”（青睐各种应市的水果新品种）、“牌”（追求“名牌”风味）。

2. 水果营销渠道

水果产品营销受果品特性、储藏技术、运输条件、消费者的需求习惯、目标市场的经济状况等多种因素的影响。选择合理的营销渠道，有利于加快水果产品流通，节省流通费用，提高水果产品商品价值。一般地，选择水果产品营销渠道，应从以下几个方面考虑：

（1）时间、地点和时机。

一般水果产品采收时货源充足，价格较低，是水果产品最好的采购时间；传统的节假日水果产品销售量最高，是最佳销售时间。在地点选择上，则要选择适宜的采购地和目标市场，目标市场选择不当会抑制流通，有时还会造成严重亏本。因此，及时了解市场供需状况，抓住有利时机，采取“短、平、快”的水果产品流通渠道策略，格外重要。

（2）市场需求特性。

不同地区的果品消费者在消费习惯、经济状况、购买心理等方面都有差异，这些因素都会影响水果产品销售，了解市场需求特性，做到心中有数，有的放矢地确定水果产品流通渠道是果品流通中不可忽略的因素。

（3）价格因素。

水果产品流通渠道长，费用多，风险大，价格高；水果产品流通渠道短，则费用少，风险小，价格可以降低。选择水果产品流通渠道一定要精打细算，考虑价格因素。

（4）产品特性。

易腐不耐储藏的水果产品种类，货架期短，风险大，水果加工品也有一定的保质期，对此类水果产品易采用短渠道，以便及时上市，适时销售；较耐储藏的水果产品则可选择长渠道，以满足不同地区、不同市场需要；稀有水果产品宜选择窄渠道；大宗水果品种宜选择宽渠道；水果新产品的需求不稳定，通常也可考虑直接推销。

3. 水果产品营销策略

（1）水果产品市场策略。

①市场细分。

第一，按品种差异细分。分辨出消费者对不同水果品种的消费差异，有针对性地确定水果生产和销售品种，采取相应的经营方式和销售策略。

第二，按销售时间的差异细分。对水果产品消费者在不同季节对水果产品的需求量、质量、品质要求及愿意支付的价格差异进行准确分辨，确定水果产品销售的时间策略和最佳销售时间。

第三，按销售地点的差异细分。分析不同地域的水果产品消费者的需求量，对品种、质量、品质特征的要求以及愿意支付的价格，选择水果产品的最佳销售地区，采取相应的营销策略。

第四，按消费者的收入差异细分。明确不同收入水平的消费者对水果产品的消费差异，确立相应的产销策略。

第五，按水果产品的质量等级差异细分。对水果产品进行合理的等级分类，适应不同消费层次的消费者的需求量和愿意支付的价格，按质定价和准确定价，为消费者提供更多的品级和价格选择。

②目标市场策略。

第一，单一目标市场策略。在水果产品生产规模较小、水果产品市场供不应求的情况下，水果产品销售通常应采用单一目标市场策略。

第二，专业目标市场策略。水果产品生产者在品种、品质、销售渠道和销售方式上具有某种独占、独享，或有约在先的优势时，可采取专业目标市场策略。

第三，多元化目标市场策略。和单一目标市场相比，多元化目标市场策略有更多的销售渠道和销售对象，可以为水果产品生产者和销售者提供更多的机会，避免价格竞争，还可以选择效益最好的目标市场来销售果品。

第四，全目标市场策略。为了更有针对性地为不同子市场提供相应的果品类型，使不同层次的水果产品消费者都得到满足，从而覆盖和占领全部水果产品消费市场，确立在水果产品市场中的主导地位，可以采取全目标市场策略。

（2）价格策略。

①目标价格策略。

第一，以收益为导向的目标价格策略。在水果产品市场供不应求、在产品质量或市场竞争中具有某种优势时，应采取以获取尽可能大的收益为导向的目标价格策略。

第二，以质量为导向的目标价格策略。若水果产品具有独特的质量和品质优势，则应以按质论价的方式来制定水果产品的目标销售价格。

第三，以销量为导向的目标价格策略。在水果经营具有规模或数量优势，或者为迅速销售产品时，可以通过适当降低价格的方式达到增加销售的目的。

第四，以分销为导向的目标价格策略。生产者为了吸引不同的水果产品营销商、批发商、加工厂等来购买果品，以一定的批零差价或质量差价来确定目标分销价格，以充分调动他们购买水果产品的积极性。

②随行就市价格策略。和目标价格策略不同，随行就市价格策略是因地、因时采用市场价格来销售水果产品。在市场供求平衡时，随行就市价格策略可以保证获取市场平均收益，避免因价格定得过高或过低影响水果产品销量和收益。此外，随行就市价格策略还有利于抵消新市场的开拓带来的不利影响，避免引发和当地水果产品生产者或销售商的价格竞争，保持市场价格的相对稳定。

（3）多渠道分销策略。

①产前分销。从上季水果产品销售到下季水果挂果、定果之前这段时间内，通过和果商签订供货和生产合同的方式，把下一季或几季的水果产品预售给水果中间商、营销商、批发商或出口商。

②产中分销。从当季水果挂果、定果开始到摘果、收获之间的这段时间，通过和果商签订供货和生产合同，把本季水果产品预售给水果中间商、营销商、批

发商或出口商。若产中预售合同协议达成较晚，水果已经挂果定果，生产的主动性就没有产前预售那么大。水果产品生产者只能从合同达成之日起，尽最大努力按合同目标去做。

③产后分销。如果水果产品市场供求平衡，采用产后分销策略有利于水果生产者或销售商根据既定目标市场进行目标效益最大化生产和经营，增加经济收入和销售收入。但是，产后是水果销售的旺季，产品大量上市，短期供大于求，将使水果产品价格下跌，水果营销商、批发商等会趁机压级压价，生产者为了急于出货也会竞相压价出售，从而使水果生产者利益受到损失。所以，产后分销是一种被动的选择，经常造成水果产品积压。

④人员推销。人员推销就是推销人员到市场潜力大或者有某种联系的目的地，上门向客户、果商、加工厂、工厂、企业、事业单位直接推销水果产品。人员推销取决于水果产品的质量和推销人员的推销技巧。人员推销要善于利用让利、价格折扣、价格随购买量增加而降低等手段来加大让利和促销力度，加快水果产品的销售。

⑤远距离销售。如果有足够大的产量规模以分担高昂的包装、运输、储藏和异地销售成本，同时地域之间的水果产品差价较大，使果商能获得比当地销售利润较高的收益，就可以采取远距离销售策略。

（4）水果产品销售的价格技巧。

①差别定价技巧。差别定价技巧就是根据水果品种、品质、果实大小、着色程度、形状特征等的差别而分别按质论价的定价方法。

第一,不同品种差别定价。把几个不同品种的水果产品在市场上放在一起销售，为了增加某品种水果产品的销量，提高其他水果品种的销售价格，使消费者感到买该品种水果更合算。

第二，不同品质差别定价。水果按果实大小、着色程度、形状特征等的差异又可分成不同的品级，为不同品级确定不同的价格，只要分类成本小于通过分类所增加的销售收入，就应采用质量差别定价技巧来销售水果产品。

②促销定价技巧。

第一，折扣定价。为了促进消费者购买水果产品，在标定不同品种、不同品级水果产品的价格时为顾客留出一定的折扣余地，以低于标定价格的折扣价格让利销售，使每位顾客都感觉到价格的优惠，利用消费者的趋利心理促使其增加购买。

第二，让利促销定价。以量增价降的方式促使消费者增加水果产品购买量，即购买数量越多，平均单位价格越低，使消费者感到多买比少买划算。

第三,降价让利定价。把初市价格定得稍高一些,为中市和后市降价留出余地,使那些观望的消费者在销售者计划降价后趁降价之机购买产品。

第四,涨价促销技巧。在水果产品市场由旺转淡、由供过于求转向供不应求时,涨价技巧有时也会引发消费者买涨不买跌的逆反消费心理，使消费者感到以后水果产品价格将会越来越贵，此时购买价格最为便宜，快速购买。

（二）蔬菜营销

1. 蔬菜消费需求

蔬菜是人们生活必需的副食品，是人们每日必需的维生素、矿物质、有机酸、膳食纤维等的最主要来源，并且蔬菜在生活中的保健和治疗作用也越来越受到人们的重视。随着人民生活水平的提高，人们对蔬菜消费需求量会越来越大，并且对于蔬菜的需求也逐步由以往追求数量多、价格便宜变为追求产品的高质量、多品种、洁净、卫生、保健、方便和有营养。

蔬菜的消费受到消费者的消费习俗、偏好以及消费者的时尚心理、便利心理、猎奇心理的影响较大。随着人们生活水平的提高和消费观念的变化以及蔬菜供应的丰富，人们吃菜从原来的佐餐下饭正在向挑好选优、讲究无公害、追求营养的方向转化。食用安全洁净的蔬菜是人们的首选目标，鲜嫩、无污染蔬菜在市场上十分抢手，而高营养保健型蔬菜则更是受到广大消费者的青睐。同时，不少居民为了调剂口味，感受自然，对天然野生蔬菜的需求也在不断增加。人们不仅喜爱应时菜，对香辛类蔬菜如姜芽、香椿、紫苏、荷兰芹、留兰香，球茎茴香等的消费量也日益增多。许多消费者还格外欣赏奇形异彩型蔬菜，并争相购买品尝。超市中包装净菜的销售也悄然兴起，拥有广阔的发展前景。正是蔬菜消费的多元化致使质优味美型蔬菜、营养保健型蔬菜、天然野味型蔬菜、奇形异彩型蔬菜和绿色安全型蔬菜等新型蔬菜不断在市场上涌现出来。

2. 蔬菜的营销策略

（1）蔬菜营销市场定位策略：

蔬菜市场定位一般有 3 种方式。

①针锋相对式定位。把蔬菜商品定位在与竞争者相似的位置上，同竞争者争夺同一市场。当生产、经营的蔬菜商品比竞争者的好，拥有比较雄厚的实力和更充足的资源时，可采用此法。

②填空补缺式定位。当潜在的蔬菜商品市场没有被发现，自己的蔬菜商品很

容易去占领，或者许多竞争者发现了这一营销机会，但无力占领时，就在该市场上输入自己的这种蔬菜，填补市场空白，占领这个市场。

③另辟蹊径式定位。蔬菜商品无力与同行业强大竞争者相抗衡从而获得绝对优势地位时，可根据取得的相对优势，通过宣传与众不同的特色，以获取某些方面的领先地位来取胜。

（2）蔬菜营销的价格策略。

①折扣、折让。为了刺激蔬菜消费者的购买欲望，鼓励大量购买和旺季购买、提早付款，可以实行折扣和折让价格。

第一，现金折扣、赊销商品。蔬菜生产者或销售者为鼓励蔬菜购买者提前付款，常常按原价给予一定折扣。

第二，数量折扣。对蔬菜购买者大量购买给予优惠，购买量愈大，折扣率愈高。

第三，季节折扣。对蔬菜商品淡季购买者给予一定折扣。

第四，折让。折让是对蔬菜中间批发商提供的一种报酬。

②地区定价策略。

第一，产地定价。蔬菜生产者或销售者负责将商品装运到产地的运输工具上交货，并承担此前的一切风险和费用，交货后一切风险和费用由蔬菜商品购买者承担，这种定价使远途蔬菜购买者承担了较高的运费，适宜蔬菜商品紧俏时使用。

第二，统一交货定价。没有地区差价，远近蔬菜购买者是一个价格，运费按平均运费计算，这种方法可争取远方蔬菜购买者，却失掉了近处蔬菜购买者，可在打开销售渠道时采用。

第三，区域定价。把蔬菜销售分为两个或两个以上区域，每个区域定一个价格，在销售稳定的情况下常用。

第四，免收运费定价。由蔬菜生产者或销售商负担部分或全部运费，在急于打开某地蔬菜市场，或同某一大蔬菜购买者成交时使用这种策略。此种方式有助于增加销售额，使平均成本降低而补偿部分运费开支，这种策略可在货源充足时采用。

③心理定价策略。

第一，非整数定价。蔬菜商品零售时采取零头结尾，特别是奇数结尾的形式，以吸引顾客，给消费者的心理信息是定价认真，一丝不苟，增加心理信任感。

第二，整数定价。对蔬菜商品定价时采用整数，以维护其在蔬菜购买者心理上已形成的声誉。

第三，声望定价。在市场上有声望的优质蔬菜商品或为了创造出优质蔬菜商品的声望，可以制定较高的价格，既可以弥补提供蔬菜商品的必要耗费，也有利于满足高消费层次顾客的心理需要。

第四，单位标价。即在蔬菜商品包装或标签上除标明单价外，还写明一个标准单位的品种、质量、产地等，以便于消费者比较监督，也可获得消费者的信任。

④差别定价策略。根据蔬菜商品交易对象、交易时间、地点等不同定出不同价格。如，对老客户价格可比新客户定得低些，以鼓励其重复购买。在不同季节实行差别价格，淡季可适当高于旺季价格，旺季则应低于淡季价格，鼓励中间商、批发商均衡进货。

（3）净菜配送的蔬菜营销策略。

净菜是去除非可食部分、进行系列加工处理而得到的直接可以烹、炒食用的蔬菜的总称。净菜配送是根据消费者要求及营养需要进行荤素合理搭配并送货上门的一种服务。净菜配送营销服务包括以下三方面内容：

①净菜加工上市销售。净菜经选择、清洗、无菌包装直接出售。

②净菜配送服务。针对一日三餐，做到荤素搭配合理、品种齐全、原料新鲜、统一包装、香料佐料备齐。

③根据消费者的需要，净菜配送由肉、蛋、菜的配送，发展到多元配送，如主食、饮料、水果、其他生活用品等的配送。

（4）蔬菜营销的包装策略。

为提高蔬菜的市场竞争力、增加经营者的利润，可以对蔬菜进行包装之后销售。科学、经济、牢固、美观、卫生、安全是蔬菜包装的要求。包装容器的形状大小、规格，甚至装潢、色彩，都需根据蔬菜种类、品种、市场需求、储运条件、流通环节、销售对象和地区等条件确定。如零售包装应小型化、透明化、组合化、多样化，追求轻、巧、美；对于供应超市的新、奇、特蔬菜，可以进行真空小包装并注明食用方法，使消费者一目了然；在重要节日期间，把四五种蔬菜配在一起，用精美的纸箱包起来；在需要长期储藏和长途运输时，包装单位一般以 15 ~ 20 千克为宜，一般不超过 25 千克，箱盒上留有孔洞和手洞，方便搬运，利于通风。鲜嫩多汁的蔬菜可采用扁形箱盒。

（三）花卉营销

1. 花卉消费需求

近年来，我国花卉消费逐年增加，国内花卉市场急剧扩大，花卉逐步进入千家万户，鲜切花替代了点心成为走亲访友的高雅礼品。

（1）我国花卉消费特点。

与其他国家相比，中国的人均花卉消费水平很低。据荷兰花卉协会统计数字，中国花卉消费金额每年仅有 0.7 欧元左右，仅为世界人均水平的十分之一。

从消费分布上看，城市居民由于对精神生活的追求程度要普遍高于农村，对花卉的消费较多。花卉消费市场主要集中在广州、上海、北京、深圳等大中城市，农村花卉消费几乎为空白，中小城市的消费也相对较少。在大城市的消费中，以东南沿海居民收入高的城市为主，花卉消费居于全国前列。

从消费时段来看，我国花卉消费主要集中在元旦、春节、“五一”节、情人节、母亲节、教师节等节日，节日花卉消费火爆是我国花卉消费市场一个显著特征，而又以春节花卉消费为甚。而且，节日里越是高档的花卉往往越好销。

从消费用途看，礼品消费性突出，“买花的人不看花，看花的人不买花”是对我国花卉礼品性消费的形象描述。

（2）影响花卉消费的因素。

①消费者的收入水平。在价格不变的情况下，收入水平提高将使消费者对一定价格下的某种商品的需求量增大。消费者对花卉的需求也遵循这样的规律。花卉产品作为一种商品其需求量也将随着人们收入水平的逐步提高而增加。

②消费者的偏好。花卉属于精神消费品，而不同的人对于不同的种类、不同的色彩、不同姿态韵味的花卉有着不同的偏好。同样的月季切花，有人喜欢红色，有人喜欢黄色；对于盆花，有人喜欢喜庆猩红的一品红，而有人对形态奇特的仙人掌类情有独钟。不同的民族、地区由于受传统文化的影响，对于花卉的喜好也不相同。在广东，柑橘、桃花非常畅销，北京人则喜爱节日气息浓郁的红色系列及大规格花卉产品，上海更青睐于造型小巧、色彩淡雅的花卉。

③花卉价格。花卉价格是影响花卉消费的重要因素。据调查，花卉价格下降 10%，并不能显著增加大多数消费者购花数量及次数，而价格下降 20%，能较大幅度地刺激个人花卉消费量的增加。

④文化习俗。花卉产品属精神消费品，文化习俗对其消费有着一定的影响。郁金香，在荷兰栽培了 400 多年，由于一开始荷兰人即十分重视对郁金香文化的宣传，赋予它勇敢、正义、胜利等含义及精神，“谁轻视郁金香，谁就是冒犯了上帝”“没有郁金香，算不上真正的富有”等，使郁金香文化极大地促进了郁金香的消费和需求。

⑤人口结构。人口结构也会对花卉的消费造成影响。随着近年城市化进程的加快，城市人口在不断增加，这在一定程度上会有利于花卉的消费总量的提高，

随着城市人口数量的增长，花卉消费也会随之增长。

2. 花卉营销策略与注意事项

在我国，花文化的普及尚欠缺，故花卉产品的营销较一般生活用品更为不易。花文化宣传、消费观念宣传及促销手段的运用极为重要。花卉营销策略与水果、蔬菜营销策略相似，在此不再赘述。但是，在花卉营销中，有以下几点需要注意。

（1）具备市场观念。

必须树立全面的市场观念，准确做出花卉产品的市场定位。要明确产品是否被市场所接受，是否被消费者所喜爱，必须进行市场研究，了解消费者的需求和爱好，以及随着社会经济、政治、文化和教育水平所发生的变化、潮流和趋势，认真分析花卉业发展现状、花卉行业的竞争强度、竞争对手的竞争地位及经营战略与策略。

（2）引导消费潮流。

应注意研究花卉消费潜在需求、引导花卉消费。在充分满足消费者现实需求的同时，应善于通过市场研究分析，发现、挖掘、开发潜在需求，创造条件促成潜在需求向现实需求转化。这样不但能够扩大花卉消费市场，而且能够引领消费潮流，在竞争中获得主动地位和竞争优势。

（3）重视特色经营。

花卉要十分重视特色经营，独特的店面设计和店内家庭式布置，品种齐全的国内外花材、叶材，与众不同的花艺风格，重视节日经营以及各种形式的服务。重视元旦、春节、情人节、圣诞节、母亲节、教师节等节日，同时开发七夕情人节、秘书节、护士节、父亲节、毕业节、记者节、男人节等有潜力的节日。

（4）分析顾客心理。

花卉营销过程中，销售者要分析消费特点和用途，要观察顾客的消费心态、受教育程度、素质教养、生活方式及消费观念，介绍鲜花时，首先询问用途，再选式样，最后标出一个适当的价格。

（5）注重售后服务。

一旦消费者购买花卉商品出现质量问题，一定要妥善处理，让顾客满意为止。服务贯穿于经营过程的始终，它直接关系到有无“回头客”，关系到市场占有率。售后服务主要体现在教会消费者养护、保鲜知识，经常性地访问客户，掌握其消费新需求、新动向，向有租摆业务的客户及时更换新鲜花。

第三节　特色农产品营销

一、特色农产品营销生产与消费

（一）杂粮的生产和消费

1. 杂粮的生产

杂粮通常是指水稻、小麦、玉米、大豆和薯类五大作物以外的粮豆作物。主要有高粱、谷子、荞麦、燕麦、大麦、糜子、黍子、薏仁、籽粒苑以及菜豆、绿豆、小豆、蚕豆、豌豆、豆工豆、小扁豆、黑豆等。

其特点是生长期短、种植面积少、种植地区特殊、产量较低，一般都含有丰富的营养成分。如“豆您玩”的绿豆，具有清热解毒、消暑除烦、止渴健胃等养生保健的功效。绿豆清热之功在皮，解毒之功在肉。绿豆生长期很短，一般只有60 ~ 70天，亩产量仅50千克。但绿豆富含蛋白质、脂肪、碳水化合物，维生素瓦、维生素B2、胡萝卜素、菸碱酸、叶酸，矿物质钙、磷、铁。尤其是所含的蛋白质主要为球蛋白，其组成中富含赖氨酸、亮氨酸、苏氨酸。

2. 杂粮的消费

杂粮自古以来一直是百姓餐桌上的主食部分之一，随着改革开放后经济条件好转，餐桌上的主食才被精加工过的大米、白面所占据。但是，只食用大米白面这一类精加工的粮食，无法获得全面的营养，导致营养失衡，会出现各种疾病。随着养生保健知识的普及，销量一直走低的杂粮开始有抬头之势，杂粮所富含的营养重新被更多的人所发掘。

杂粮逐渐成为注重保健人士的必备品。送礼送健康，物美价廉的杂粮成为时尚的礼品。

（二）特产的生产和消费

1. 特产的生产

特产指某地特有的或特别著名的产品，有文化内涵或历史，亦指只有在某地才生产的一种产品。一般而言，特产是指来源于特定区域、品质优异的农林产品或加工产品，特产可以是直接采收的原料，也可以是经特殊工艺加工的制品。但是，必须具备两个特点：一是地域性特点，这是形成特产的一个先决条件；其次是品质，无论是原料还是制品，其品质与同类产品相比，应该是特优的或是有特色的。

特产的“特”字，应包含如下5层意思：特殊的生态环境、特优的品种、特殊的种养方式或特殊的加工方式、特殊的功用价值、特高的经济效益。如四大怀药的地黄，种植在古怀庆府今温县和武陟县一带，品种仅限怀地黄。地黄可分为生地和熟地两种，加工工艺是焙干的生地和雄黄熏干炮制的熟地，生地具有凉性，熟地具有热性。加工工艺不同，药效截然相反。《本草纲目》记载：地黄生则大寒，而凉血，血热者需用之；熟则微温，而补肾，血衰者需用之。男子多阴虚，宜用熟地黄；女子多血热，宜用生地黄。尤其是熟地，药用填骨髓，长肌肉。生精血，补五脏，利耳目，黑须发，通血脉，确系祛病延年之佳品。市场上，怀地黄的价格往往是其他地方地黄的数倍。

2. 特产的消费

特产已经成为人际交往的必备品，尤其是在物流高度发达的今天，工业化的产品随处可见，难以成为称心的礼物。选择具有显著地方特点的，生产数量有限的特产，是馈赠亲朋好友的首选。

特产是拥有优质和特殊功效的代表，由于生产区域的限制和供应的稀缺，特产成了高价农产品，因而，也成为高收入人群的消费品。

（三）新奇农产品的生产和消费

1. 新奇农产品的生产

新奇农产品是指少见的不同于一般的具有独特的口味，或颜色，或功能，或形态的新品种。如紫色花生、黑色牡丹、黄色番茄等。

新奇农产品的生产具有小规模、易垄断、易鉴别的特点。

2. 新奇农产品的消费

新奇农产品的消费主要是满足人的猎奇心理，吸引人的眼球。

二、影响特色农产品销售的因素

（一）受节日的影响

礼品是节日人际交往的必备品，尤其在我国传统春节、端午节、中秋节，亲朋交往频繁，礼品需求量巨大，市场供应量集中。然而，礼品的需求确实是不断发生变化的，这往往导致一些杂粮、特产、新奇类农产品脱销，也常出现某些杂粮、特产、新奇类农产品的滞销。

（二）受消费者收入水平的影响

高品质、高价格的产品往往是收入比较高的人才会消费，因此，消费者的高收入水平及人群规模决定了该类产品的销售状况。没有购买实力或缺少目标客户，再好的产品也会无人问津。

（三）受包装形象的影响

杂粮、特产、新奇类农产品的经营者多是从事农业生产者，在设计产品形象时，缺乏专业性，设计的外观包装难以满足礼品的特征，导致认可度不高，会影响对该产品的消费。

（四）受稀缺性的影响

随处可买的礼品往往价格透明，缺少珍稀性，表达心意不足。因此，稀缺性是影响该类产品的重要因素。

（五）受知名度的影响

特产知名度高低，也是影响消费者选购的重要因素。高知名度的农产品也是促进消费者购买的重要因素。比如温县的铁棍山药、新郑的“好想你”大枣，都是因为知名度高，能够代表当地的特产或特色，而被消费者争相选购。

三、我国农产品市场的现状

1. 农产品市场建设发展迅速

我国农产品批发市场不断发展，类别多，其中包括粮油市场，蔬菜市场，水产品市场，肉食禽蛋市场，干鲜果品市场，特色农产品市场，数目基本稳定，交易额稳步上升，这主要是因为我国农产品交易市场在经历了十几年高速增长和规模扩张后，现正逐步实现从数量扩张向质量提升的转变之中，流通规模上台阶，市场硬件设施明显改善，商品档次日益提高，市场运行质量日趋看好。

2. 农产品批发市场成为农产品流通的主渠道

覆盖了所有的大、中、小城市和农产品集中产区，基本形成了以城乡集贸市场、农产品批发市场为主导的农产品营销渠道体系，构筑了贯通全国城乡的农产品流通大动脉。目前大、中、小城市消费的生鲜农产品 80% ~ 90% 是通过批发市场提供的。农产品批发市场的大力发展，对于搞活农产品流通、增加农民收入、满足城镇居民农产品消费需求发挥着积极作用。

3. 以配送、超市、大卖场等为主的现代流通方式发展势头迅猛

超市作为一种现代新型营销业态在近几年开始涉足农产品销售领域，成为农产品营销渠道体系里的新成员，与传统的集贸市场在零售终端展开激烈竞争。传统农贸市场的“我独尊”的销售地位正倍受挤压。另一方面，南京、广州、武汉、上海等地政府也在大力推行“农改超”工程，打造高效安全的农产品营销网络，使之与城市经济社会发展相适应。

4. 农产品营销中介发展活跃，存在各种农产品购销主体

个体户、专业户、联合体不断发展壮大。依托这些活跃在城乡各地的农产品营销中介组织，使得一家一户的小规模生产和大市场实现了对接，改变过去产销脱节的尴尬局面，有效地缓解了农产品难卖的问题。他们的出现带动了上游生产基地的发展壮大，带领农民走向市场，帮助农民致富，对地区农业发展起到了一定的积极作用。

四、特色农产品营销的主要渠道

（一）超市

超市是该类产品销售的重要渠道之一。由于超市客流量巨大，无论是价格实惠的散装的杂粮、特产、新奇的农产品还是包装精美的礼品装，都可以销售。

（二）粮店

粮店是杂粮销售的重要场所，尤其是为了满足自己需求的消费者，往往到粮店购买实惠的杂粮。但是，粮店很难成为特产和新奇类农产品的销售场所。

（三）商店和专卖店

该类产品的礼品装，放到土特产专卖店，是一个不错的选择，然而，专卖店的销售存在较大的不确定性，有时长期无人问津，有时急需大量。货物配送存在较大难度。

（四）网店

网上销售是一种新的销售渠道，该类产品的网络销售，往往因为生产标准难以达到网站要求，或因体积庞大、物流成本太高，或因易变质、不易长时间贮藏运输而并不理想。

（五）农产品贸易公司

农产品贸易公司，往往是专业经商人士进行管理和运作的，将产品通过农产

品贸易公司推广销售，往往可以大幅度提高销售量，可能获得的利润更高。

五、特色农产品包装策略

1. 突出食品形象的包装策略

突出食品形象，是指在食品包装上通过多种表现方式突出该食品是什么、有什么功能、内部成分、结构如何等形象要素。这一策略着重于展示食品的直观形象。

随着购买过程中自主选择空间的不断增大，新产品不断涌现，厂商很难将所有产品的全部信息都具体地向消费者介绍，这种包装策略通过在包装上再现产品品质、功用、色彩、美感等，有助于商品充分地传达自身信息，给选购者直观印象，真实可信，以产品本身的魅力吸引消费者，缩短选择的过程。

2. 突出食品用途和使用方法的包装策略

突出食品用途和用法的策略是通过包装的文字、图形及其组合告诉消费者，该食品是什么样的产品，有什么非凡之处，在哪种场合使用，如何使用最佳，使用后的效果是什么。

3. 突出食品非凡要素的包装策略

任何一种商品化的食品都有一定的非凡背景，如历史、地理背景，人文习俗背景、神话传说或自然景观背景等，包装设计恰如其分地运用这些非凡要素，能有效地区别同类产品，同时使消费者将产品与背景进行有效链接，迅速建立概念。

参考文献

[1] 贾新忠 . 我国农产品电商模式创新研究 [M]. 北京：北京工业大学出版社，2017，11.

[2] 王似保，等 . 安徽大别山区特色农产品品牌发展模式研究 [M]. 合肥：合肥工业大学出版社，2017，06.

[3] 谢兰敏 . 农村电商营销 [M]. 石家庄：河北科学技术出版社，2017，08.

[4] 丁士安 . 农村电商营销创业全书 [M]. 北京：中华工商联合出版社，2017，07.

[5] 高志强，兰勇 . 家庭农场经营与管理 [M]. 长沙：湖南科学技术出版社，2017，05.

[6] 李青阳，白云，徐金菊，等 . 农业经济管理 [M]. 长沙：湖南师范大学出版社，2017，07.

[7] 陈德基，陈有斌 . 新农人新零售新思路 [M]. 南宁：广西科学技术出版社，2017，10.

[8] 杜理明 . 农产品电子商务 [M]. 合肥：中国科学技术大学出版社，2018，08.

[9] 王昆 . 农产品网店运营实用技术 [M]. 北京：北京邮电大学出版社，2018，03.

[10] 徐克，熊露，罗洁霞 . 不出村能致富“互联网农产品”经营实务 [M]. 北京：中国科学技术出版社，2018，10.

[11] 薛芳 . 国家地理标志产品保护示范区营销模式以平度市为例 [M]. 青岛：中国海洋大学出版社，2018，04.

[12] 刘一辰，贾商，吴维 . 农企应该这样干中国企业营销解困之道 [M]. 北京：

现代出版社，2018，03.

[13] 毛丹，胡锐，张俊涛，等 . 农作物科学用药手册（2017 年新版）[M]. 郑州：中原农民出版社，2018，02.

[14] 王黎明 . 互联网 + 农业智慧粮食的电商流通营销管理生态圈研究 [M]. 杭州：浙江工商大学出版社，2018，11.

[15] 许安心 . 农村电商前沿研究 [M]. 北京：新华出版社，2018，10.

[16] 刘如东 . 农产品网络营销 [M]. 成都：四川科学技术出版社，2019，04.

[17] 戴程 . 农产品品牌建设与营销 [M]. 厦门：厦门大学出版社，2019，11.

[18] 马兰，黄姚，梁亮，等 . 农产品电子商务理论与实务 [M]. 贵阳：贵州大学出版社，2019，10.

[19] 牟劲，李学国 . 网上销售农产品 [M]. 天津：天津科学技术出版社，2019，12.

[20] 陈葆华 . 营销与创业 [M]. 北京：中国财富出版社，2019，09.

[21] 孙葆春 . 吉林省农产品区域品牌培育发展研究 [M]. 长春：吉林人民出版社，2019，09.

[22] 陈向红，方茁，王蕾 . 农商行网格化管理之术 [M]. 杭州：浙江工商大学出版社，2019，10.

[23] 孙伟 . 乡村振兴农村电子商务模式・运营・案例 [M]. 北京：中国市场出版社，2019，07.

[24] 邹娟平，胡月阳，李艳 . 基于物联网技术的现代物流管理研究 [M]. 青岛：中国海洋大学出版社，2019，06.

[25] 何瑶，邓宗胜，符立，等 . 农产品市场营销 [M]. 成都：西南交通大学出版社，2020，11.

[26] 陈盛 . 农产品短视频 + 直播营销一本通 [M]. 北京：中华工商联合出版社，2020，01.

[27] 周承波，王思刚，张荣荣 . 现代新营销 [M]. 济南：济南出版社，2020，08.

[28] 尹元元 . 农产品流通双渠道融合发展研究 [M]. 徐州：中国矿业大学出版社，2020，02.

[29] 张天柱 . 农业嘉年华运营管理 [M]. 北京：中国轻工业出版社，2020，09.

[30] 王丽娟，信丽媛，杨勇，等 . 乡村电子商务实用技术 [M]. 天津：天津

科技翻译出版有限公司，2020，03.

[31] 张国友，李琪 . 农产品电子商务 [M]. 郑州：中原农民出版社，2021，01.

[32] 陈盛 . 从零打造爆款网红农产品从土味山货到网红尖货 [M]. 兰州：甘肃科学技术出版社，2021，06.

[33] 吴承明，陈争平，龙登高 . 中国市场通史第 1 卷 [M]. 上海：东方出版中心，2021.

[34] 黄晖 . 中国商标及不正当竞争案例精要 [M]. 北京：知识产权出版社，2021，02.

[35] 陆立才，沈进城，徐光明 . 现代农产品营销实务 [M]. 苏州：苏州大学出版社，2022，01.

[36] 吴春红 . 农旅特产电商视觉营销 [M]. 北京：北京理工大学出版社，2022，11.

[37] 林思勉，彭强，陈端 . 农民直播销售员从入门到精通 [M]. 北京：农村读物出版社，2022，05.